# 解读

提高智力的诀窍

宋圣天◎编著

## 诀窍

上

中国出版集团

现代出版社

**图书在版编目（CIP）数据**

解读提高智力的诀窍（上）/ 宋圣天编著. ——北京：现代出版社，2014.1

ISBN 978-7-5143-2115-9

Ⅰ．①解…　Ⅱ．①宋…　Ⅲ．①智力开发－青年读物②智力开发－少年读物　Ⅳ．①G421－49

中国版本图书馆 CIP 数据核字（2014）第 008501 号

| | |
|---|---|
| **作　　者** | 宋圣天 |
| **责任编辑** | 王敬一 |
| **出版发行** | 现代出版社 |
| **通讯地址** | 北京市安定门外安华里 504 号 |
| **邮政编码** | 100011 |
| **电　　话** | 010－64267325 64245264（传真） |
| **网　　址** | www.1980xd.com |
| **电子邮箱** | xiandai@cnpitc.com.cn |
| **印　　刷** | 唐山富达印务有限公司 |
| **开　　本** | 710mm×1000mm　1/16 |
| **印　　张** | 16 |
| **版　　次** | 2014 年 1 月第 1 版　2023 年 5 月第 3 次印刷 |
| **书　　号** | ISBN 978-7-5143-2115-9 |
| **定　　价** | 76.00 元（上下册） |

# 目　录

## 第一章　思考力

## 第二章　观察力

# 第三章　记忆力

# 第一章　思考力

## （一）何为思考力

　　思考是无价的宝藏，思考力是万力之源。世间一切触手可及的东西，无一不是思考的产物。任何东西的发明和创造都必须经过思考的大门，而且世界上没有一种力量可以战胜思考力。纵观古今中外的成功者，都是一个个思考家。他们所取得的每一个胜利，无一不是思考的胜利品。没有思考就没有他们的丰功佳绩，没有思考就没有人类创造的所有奇迹！每个成功者都是一个敢思、爱思和善思之人，正是思考成就了每一个成功者，也正是思考的力量才铸造了他们成功人生的辉煌！

　　作为万物的灵长，除了和动物有语言、情感的区别之外，最重要的区别是人具有思考的能力。如果人失去了自己区别于动物的最起码的权利，那和动物又有什么区别呢？

　　牛顿在思考中发现了万有引力；卢梭在思考中获得了灵感，写出了震惊世界的经典著作《人类起源的不平等》；康德在世的时候，也从来就没有停止对星空的思索和探究，最后使他的名字和星空一样灿烂夺目。还有爱因斯坦的相对论、爱迪生的电灯、孔子的儒家思想，哪一个不是通过思考走向成功的呢？成功只不过是思考生下的一个孩子而已。成以，思考才是真正的成功之母！要成功，就一定要思考！

# （二） 思考力基本要素

思考是思维的一种活动，思考力则是在思维过程中产生的一种作用力。在物理学上，力具有三个基本要素：大小、方向、作用点。事实上，思考力同样也离不开三个最基本的要素：大小、方向、作用点：

首先，思考力取决于思考者掌握的关于思考对象相关信息量的多少（大小），如果没有相关的知识和信息量，就不可能产生相关的思考活动（这里所说的知识量指的是与思考对象相关的知识量——即有针对性的收集关于思考对象的信息）。

其次，思考的方向取决于思考的价值目标以及围绕着目标形成的思路。也就是说，思考要有目的性，漫无目的的思考难以产生强有力的思考力。我们应积极主动地去思考，而不是消极被动地去思考。如果我们学不会正确的思考方法，那么巨大的思考潜能就无法挖掘出来，我们也不会成为生活的智者。世界上的成功者都是善于思考的人，他们的伟大成就无不建立在他们出类拔萃的思考力之上。学会思考，发掘思考的潜能，你就一定会成功。

第三，思考必须找准作用点——必须把思考活动集中在特定的思考对象上，并把握其中的关键，这样的思考活动就会势如破竹，如果找不准思考的着力点，就会精力分散、思维紊乱，出现胡思乱想的现象，思考就会停留在事物的表面上浮光掠影，无法深刻认识，把握事物的本质。

## （三）思考力体系意义

建立思考力体系的意义主要体现在以下几个方面：

### 1. 思考力完善性

使思考具有全面性和完整性，并促进思维方式不断完善。中国有诗人感叹说："百无一用是书生"，原因就在于书生们不能将"知识量"转化为思考力，进而不能将思考力转化为理解力并产生文化包容性。由于缺乏理解力和文化包容性，所以大多数的书生们聚在一起的时候总喜欢相互争吵，谈高论低，甚至产生"文人相轻"的现象。

一个人缺乏思考力就不能产生理解力，从而也就不能形成执行力，所以出现书生们的夸夸其谈现象。事实上，凡是文人相轻和夸夸其谈的书生，从思考力体系上看，要么是因为他们缺乏必要的思维深度，只看到了事物的表面现象就急于发表议论表明主张；要么是他们缺乏必要的思想高度而不能包容别人，从而脱离了现实条件，不能形成科学思维向价值思维和应变思维的提升；要么是因为他们缺乏必要的思维广度，产生了只知其一不知其二的偏执。这些现象的产生都是由于他们的思考力体系缺乏完整性和完善性造成的。

　　缺乏（或者严重缺乏）思考力体系的人，考虑问题比较片面，一旦形成自己的看法就比较固执，容易"钻牛角尖"，有的甚至会出现严重的情绪化倾向和攻击性语言，常常导致公说公有理、婆说婆有理的矛盾冲突。过分偏执一端的人通常习惯于用一种挑衅的方式和激烈的言辞讨论问题，但观点不被别人接受时，他就会形成一种潜意识压抑，从而使一般意义上的观点和观念问题转化为心理问题，诱发心理亚健康现象。

　　思维是客观对象的反映，思维一旦形成了思考力体系，就能够使人们多角度、多层次的看问题，并且根据不同的条件和具体的环境灵活处理问题。思考决定行为，一个人一旦形成了思考力体系，就能够使人的主体性与客观对象及其所在的宏观环境保持一致，在人际关系处理上也能出现文化包容心理，从而有利于培育出一个人健康的人格和良好的心态。全面性、完整性、协调性、统一性是建立体系的一般性要求，一个人的思考力体系一旦形成，那么他的思维也会体现出一定的全面性、完整性、协调性、统一性特征。思维的完整性制约着思维的完善性，有了完整性的指导，那么在具体的实践和认知过程中，人们就能够使自己的认识和判断能力得以提高，思维方式也日臻完善。

## 2. 思维拓展

　　拓展思维深度、延伸思维广度、提升思想高度、增加思维速度思维深度、思维广度、思想高度、思维速度是思考力体系的基本组成部分，并且，只有在这些组成部分相互之间具有完整性和统一性的时候，思考力体系才能够形成。思考力一旦形成系统和体系，那么，由于部分与部分之间的制约关系，使得各部分之间必定要协调统一，在这种协调统一关系的横向要求和作用下，就会促使一个人的思维深度得以拓展、思维广度得以延伸、思想高度得以提升、思维速度得以增加。同时，思考力一旦形成系统和体系，那么就会出现整体大于部分之和的系统效应，在整体性的纵向作用和要求之下，也会促使一个人拓展思维深度、延伸思维广度、提升思想高度、增加思维速度的效应和作用。

## 3. 思考体系与机制

一定程度上能产生"生而知之"的学习效果思考力体系实质上就是一套思维软件，思考力体系的完整性和完善性程度决定了这套思维软件的性能和优良程度。

其实，人们通过感官得来的印象（知识表象）离开了思维软件的处理是毫无意义的。文化诊断学研究表明，人可以通过学习和对经验的抽象逐渐形成自己的"思维软件"，并在长期的思考和实践过程中使思考力体系不断完善，但是，这需要耗费大量的时间，而且容易走弯路。

思考力体系的形成可以采用直接的方式，即借助指导老师的帮助迅速形成并得以完善，人们一旦形成和完善了自己的思考力体系，很多知识即使不通过学习也可以知道。当人们理解了思维的本质，洞悉了真理的结构，就会发现所有的知识体系都遵循着相通的模式——存在根模式。一旦建立了存在的知识体系和逻辑机制，人们就会理解：抓住了存在的知识本质，就没有必要耗费过多的时间探索于浩瀚的知识海洋，去学习那些重复和重组着的知识表象。人们只要对自己做一个思考力分析，然后在这个基础上有针对性的建立自己的思考力体系，就可以抓住知识的本质。这时，人的意识之中就具有了某种先验性的知识模型。

孔子在谈到知识来源的时候曾经提到过：

（1）生而知之；

（2）学而知之；

（3）难而知之。

孔子"生而知之"的这个说法在当时虽然没有提出科学的依据，但文化诊断学现在已经证明，"生而知之"就是因为完善了思考力体系的结果。U 形思维的实质是：迂回前进。中国有一句古话：退一步海阔天空。体现的也是 U 形思维的妙处。

在煤油炉出现之前，人们生火做饭都是使用木炭和煤。美国一家销售煤油炉和煤油的公司，为引起人们对煤油炉和煤油的消费兴趣，在报纸上大肆宣传它的好处，但收效甚微。人们继续使用木炭和煤，煤油炉和煤油仍然无人问津。面对积压的煤油炉和煤油，公司老板突然灵机一动。他吩咐下属将煤油炉免费赠送到各家各户，不取分文。就这样，收到煤油炉的住户们尝试者使用它，而没有收到的纷纷打电话向公司询问，并索要煤油炉，在很短的时间内，积压的煤油炉赠送一空。公司员工们觉得十分心疼，但老板却不动声色。不久，有一些顾客上门来，询问购买煤油的事；再后来，竟有顾客要求购买煤油炉。原来，人们在使用煤油炉后，发现其优越性较之木炭和煤十分明显。家庭主妇们在炉里原有的煤油用完后，仍然希望继续使用煤油炉，因为人们已经一天也离不开它了，只好又向公司购买新的煤油炉。

## 4．思考力完善性

促使思考力向执行力转化一个人思考力体系的完整程度和完善程度，决定着一个人的思考力水平。思考力归根结蒂是一种精神力量，但是这种精神力量能够指导和影响一个人的行为，从而使一个人的行为也产生与这种精神力量相统一的效应，这就是执行力。思考力体系的建立可以提高一个人或者一个团队的思考力水平，从而使一个人或者一个团队具有精神上的竞争优势，这种精神上的竞争优势与具体的条件相结合就会向物质优势转变。

## 5．心理素质重要性

促使心理素质不断提高，生活质量也随之改变思考力体系是思维软件的内容，它属于文化诊断学研究的范畴；人的性格和意志属于思维硬件，是心理学研究的范畴。但是思维软件与思维硬件之间并不是完全分离的，而是相互影响和相互渗透的。

事实证明，思考力的完善和完整程度对一个人的性格影响非常大，例如：在态度方面，思考力体系缺乏完整性和完善性的人，一般比较狭隘偏执，常常强调自己忽视他人，表现为自私自利；思考力体系比较完整和完善的人，为人则比较中庸，性格谦虚谨慎。在意志力方面，思考力体系缺乏完整性和完善性的人一般比较容易冲动，常常凭借兴趣做事，热情来得很快，消失得也快，没有周密长远的计划；思考力体系比较完整和完善的人目标比较明确，有周密长远的计划，遇事镇定，有耐心和恒心，不会因为暂时的困难随便改变目标。在情绪方面，思考力体系缺乏完整性和完善性的人，情绪波动比较大，时而自卑时而自大，常常情绪激动，言辞刻薄；思考力体系完整和完善的人情绪比较稳定，自信乐观，心态平和。

　　完整的思考力体系和完善的思维方式能够使一个人心智聪颖，产生良好的心态，这种良好的心态必定会体现在人际关系和生活态度上。心态好了，生活质量就提高了，心态糟糕，生活质量也会变得很糟糕。因此，建立和完善自己的思考力体系，形成一种充满智慧的生活态度，是改善生活质量的一项重要措施。

　　通常有这样一种人，对别人所做的事、所说的话、所写的文章常常能隐隐约约感觉到它的不足，但是具体怎么不足应该怎么改进却说不清楚，即使能说出一些道理，一旦自己来做却反而不如别人做得好，这就是俗话所说的"眼高手低"现象。

　　为什么会出现"眼高手低"现象呢？从心理学和文化诊断学的角度来讲，"眼高手低"现象说明了一个人思考力水平、执行力水平与他的某些悟性能力和潜意识极不相称，或者是他的思考力体系缺乏完整性和完善性。"眼高"说明一个人具备了某些零散的能力，正因为这些零散的能力高出了一般，所以能出现"眼高"现象；"手低"说明由于这种零散的能力没有形成系统性，缺乏完整性和一致性，因而制约了能力的整体发挥，出现了"手低"现象。

　　如果一个人没有形成自己完善的思考力体系，那么他的能力不能从整体上发挥出来，就会出现"眼高"和"手低"之间的矛盾。其实，很多人在某些场合或某些时候都会有一些思想火花的碰发，为什么有些人的思想火花能形成燎原之势，创造出辉煌的事业和不朽的作品，有些人的思想火花只是星星点点昙花一现呢？这与一个人所形成的思考力体系的完善性和完整性程度有关。

文化诊断学研究发现，人的很多不可名状的感觉和悟性往往来自潜意识，人的思维和认知能力来自意识，在相同的文明程度和种族背景下，每个人的潜意识与意识相加之和，基本上是相等的，这就是文化诊断学的个体无差异学说。既然个体无差异，那么为什么有些人很聪明睿智，很有创造力，有些人却很愚笨呢？这取决于潜意识与意识之间的对比关系。

那些有智慧和创造能力的人由于形成了比较完整和完善的思考力体系，因此必定表现为思维敏捷、眼光深远，具有很高的思考力水平；缺乏智慧和创造力的人由于没有形成思考力体系的完整性和完善性，因此表现出目光短浅、思维迟钝，思想偏执。聪明睿智的人，他的意识部分得到了有效的开发；愚笨偏执的人，他的意识部分没有得到有效开发。但是有一种奇怪的现象，某些愚笨的人他的一些非理性感觉能力甚至比聪明人还强，因此，聪明与愚笨的差别仅仅在于意识与潜意识之间的对比关系，以及意识领域不同思考力体系之间的差别，而不是人与人之间的精神世界的差异。

个体无差异学说证明人与人之间在智慧上只有质的差别，没有量的差别，而质的差别在于结构的不同组合，量的无差别说明人的精神世界同样遵循能量守恒定律。人的意识领域中的思考力体系，其完整和完善程度以最直接的方式反映着一个人的聪明和愚蠢程度，思考力体系基本上由思维深度、思维广度、思想高度、思维速度四个部分组成。思路决定出路，从而也决定着一个人的行为方式，因此，一个人事业成就以及事业的方向，可以从一个人思考力体系的完整性和完善性程度中反映出来。通过学习和训练，一个人的思维深度、思维广度、思想高度、思维速度是可以得到改进的，其思考力的结构关系也是可以改善的。因此，通过学习和训练，也可以改变一个人的事业方向和事业成就。

## （四）执行力，思考的落实

虽说思考力是万力源，但再伟大的思想，再合理的方案，如果不付诸行动，那也只是空中楼阁、无根浮萍。唯有行动，也只有行动，才能把美好的蓝图实现，让美好的梦想成真。俗话说：良好的开始是成功的一半。那什么是良好的开始？行动！没有行动就没有成功！成功就是由一个个的脚印组成的，只有登上一个个的阶梯才能最终取得成功。行动像一把利剑，挑去了羁绊，架起梦想到现实的桥梁。行动就是成功的阶梯，只有行动才能组成成功。

强效的行动力，在完成收集信息，分析信息，做出决定的过程，最后一步最为关键的。就是付诸于行动。以上那些更多的是一种理论性的东西而已，而要把这些理论性的东西转化为现实，则只能依靠强效的行动力。青春是火红的五月，总是充满着阳光，充满着活力，充满着年轻的气息。而我们需要这么一种力量。在做出决定，就勇敢的去做，实践总是检验真理的唯一标准。只有去做了，才能知道自己做得对不对。我哒哒的马蹄声就是一个美丽的错误。而我们不应该为那过去的风景而悲伤悔恨。立足现在，展望未来。

人总是有惰性的，总有那么一种心态。明天再做吧，今天好累，明天一定开始等等。总会有一千几百个理由来支撑自己去打败之前建立的信念。然而明日复明日，明日何其多啊。就这么一天天过去了，要做的事却一直都没有做。当时间过得足够多的时候，才发现，惨了，已经错过了那段时间。又开始不断地在悔恨中过活。

一辈子也就这样过了。最终一事无成。也就是空来人世间一趟而已。这样的人生是不可想象的。总是需要控制好自己，不要随性，要让自己朝着抵抗力最大的路径去走，不要给自己理由，要做，就现在做，立刻做，头也不回地做。用强效的行动力去击败任何腐朽的思想，勇敢的去书写自己人生的传奇。时间是不等人的，把握不住时间的人注定被时间的洪流淹没，要自己把握自己人生的时光。

苍白的人生，要成为什么样的人？命运之神会赋予我们什么？将来会怎么样？一切都很难预测。但我们可以用敏锐的洞察力，理性的判断力，强效的行动力驰骋在人生路中。行动就像一把利器，为你斩尽一切阴暗走向光明。相信自己会是那道曙光，为这个世界带来丝丝光明的。天行健，君子以自强不息。用尽全身的力量去高山上呐喊。问苍茫人生谁主沉浮，江山代有才人出，数我辈独领风骚数百年！

只要你肯付诸行动，许多的不可能都会成为可能。如果没有行动，你就不会有真正的成功。只有把思考力转化成行动力，才是现实力量的真正开始，行动才是成功的真正起步。一旦行动成为你的习惯，它就会像火车一样，形成一种无法阻挡的惯性，直奔成功！只有行动才会产生效益，只有行动才会产生能量，只有行动才会创造财富，只有行动才能走向成功！一个实践胜过一百个理论，一个行动胜过一千个空想。坐而思不如起而行！行动虽来源于思考，但只有行动，思考才会有成效，只有行动才是真正力量的开始，只有它才是所有力量的根。所以，行动力是万力之本！

## （五）思维方法，点石成金

即使是高手，其思考力的形成也经历了一个长期的学习、磨练过程。我们坚信不必为今天的思考力差而自卑，只要努力学习思考方法，并多实践、多总结，时间一长，自然可以形成起过硬的思考力。思维方法比较抽象，难以具体说明，还是要靠自己学习、总结、探索。

### 1. 学习思维方法

比如，深入研究一本或几本有关思维方法的好书；适时做思维方法总结。理论不精通，也就不可能成为高手。有些思维方法自己弄不清楚，可向思维专家请教。许多高手在读大学时苦读思维理论，为以后的发展打下了坚实的基础。即使原有的思维能力很好，如果长期不注意学习思维方法或少用脑，思维能力也会很快退化。高手常抽出一些时间学习思维方法，比如每天总结。学习的思维方法先进，就容易形成高度的思考能力。高手们除了拥有优于多数人的基本思维技术外，还总结、形成了个人独特的思考方法，然而有些人觉得思维方法学很枯燥，而不想学习。当你熟悉并能较好地应用逻辑学的时候，你会发现原来思考是那么的有趣。即使你觉得思维方法枯燥，为了将来的发展，也应该逐渐摸索，直到成功。

## 2. 实践出真知，磨练思考力

世界上最有智慧的人属于实践丰富的人。多一些实践，就多一些感悟，对提高思考力有利。如果缺乏针对思考力的磨练，也难以形成过硬的思考力。就如一个没有经过专门磨练的人。多实践，可以从以下几种方法入手。

（1）办好事情。为了办好事情，必须殚思竭虑，长期如此，可提高思维。

（2）快速办事锻炼。可以锻炼思维的速度、稳定性、条理性、灵敏性等，对于成才及发展事业十分有利。例如，给自己的办事限定时间，又如以分数标准衡量自己的成果。

（3）多做预测。比如，适时投入一些时间思考发展策略；预测一些事情，在行动上自然有所长进。

（4）难题锻炼。解决难题是一种很好的锻炼，只要多总结，就可以得到很多启示。比如，学生时代可适当找一些难题做，参加工作可多找一些业务来做。

（5）问题量锻炼。问题量越多，处理的难度就越大。比如，学生时代适时有意地解决很多题目，工作后适时有意地处理很多问题，以锻炼自己。

（6）下棋。多数高手都是从下棋中建立起过硬的思考力，并领悟办事的思考方法和步骤。

（7）参加比赛或看比赛。每场比赛都是技术、心理、智力之争，多参加一些比赛或看比赛对提高思考力非常有益。

### 3．思维秘方，一语道破

有了好的习惯，碰到问题，不用多想，自然而然地按好的方法来解决问题。没有好的习惯，碰到问题容易手忙脚乱或心理不稳定，这样都会严重地影响思考的效果。用好的方法，开始可能会不习惯。每天应安排有一段时间来锻炼思维能力，以建立起过硬的思维能力。优良的思考习惯最好是在少年时期形成，到青年时期形成就显得慢了。许多高手在中学时期已经形成了过硬的思考力，之后良性发展而成才。

### （1）换位思考，风景独好

绝大多数创造性思想都是源于思维角度的改变。对任何事情，你都应该尝试从不同角度、不同位置、不同群体等方面去看一看，想一想，往往你会有一些意想不到的发现。视角的特别，也往往决定了创造力的高低。其中逆向思维便是其中一个特例。比如开发产品，最好把自己当成服务终端，考虑一下客户以及中间环节，对每一个环节都应该考察一遍，是不是可以做得跟别人不一样。也可以把自己当成竞争对手，想想他们的情况，多问问为什么这样，反过来问问为什么不这样，这样思考的时候，你就可能发现问题并加以革新和完善。

换个角度来看"逆向思维"，它不是"能够做什么"而是从"应该做什么"开始思考的方式。也就是说，不是从"现状"开始，而是从"应具备的姿态"考虑。企业进行业务改革活动时，通常是从这两种角度出发的。讨论应具备的态度时，当然，考虑"能做什么"很重要，作为最终结果，重要的是能够实现什么。因此，先确定希望实现的目标，然后找出现实与目标的差距，再为缩短差距寻找解决方法，这才是通往改革的最佳捷径。

专门从事业务改革的全球性咨询公司都具备这种方法论，以及能够有效实现最终目标的思考方式。这种思考方式的基本要素就是从"应该做什么"，也就是"应具备的姿态"思考的想法。在日常生活中我们可以转化为不同形式加以运用。考虑换个角度来看"逆向思维"，它不是"能够做什么"而是从"应该做什么"开始思考的方式。也就是说，不是从"现状"开始，而是从"应具备的姿态"考虑。企业进行业务改革活动时，通常是从这两种角度出发的。

讨论应具备的态度时，（当然，考虑"能做什么"很重要，）作为最终结果，重要的是能够实现什么。

在日常生活中我们可以转化为不同形式加以运用。不是从"自己"，而是从"对方"进行思考。"逆向思维"还可以应用于相互交流中。交流最重要的不是"自己想要表达什么"，而是"想要向对方表达什么"。字面上看很简单，但是大多数人都不具备这种"逆向思维能力"，或者说意识不到这一点。讽刺大师们对此有过很多的名言，例如诺贝尔文学奖获得者爱尔兰剧作家萧伯纳有一句名言："交流最大的失败就是没有实现交流。"

## （2）趋同则痛，求异而成

多做比较，而且要换不同角度进行比较，既要找出他们的相同点，也要找出他们不同点。比较一定要细致，全面，不放过任何细微之处（细节非常重要）。所以最好将他们一项一项列出来，翻来覆去比较。相同必有相同的内在机制，更可能是最基本的问题。大多数人喜欢求异，而思想家更喜欢求同，从千变万化的复杂事物中找出共性和本质，从而能够更好地理解不同之处。

联合国粮农业组中国皖西南农业项目主任布莱格，在霍山县考察援助项目进展，了解到一个村民分得扶贫款项 2000 元，饲养了 5 头牛。问清养牛人情况，随后从养牛人手中拿过鞭子，赶走两头牛，看见另外三头牛紧跟其后，又驱车围水田转了两圈，围山坡转了三圈，5 头牛驱而不散。布莱格的举动，把养牛人、陪同人都弄懵了。布莱格说，"我这样赶牛检查，如果 5 头牛始终跑在一起，证明是主人家的，如果各奔西东，就可能是借来的"。深入实际，"智取情报"，令人心服口服。

世界上任何东西都有其特定的结构，以此显示出事物的多样性，世界因丰富而多彩。生存法则的第一条是：昨天的成功是今天的危险所在。一切成功的秘诀，都少不得把握机会。异者有益；趋同则痛。异，则可能是思维的入口，是线索，顺着它去就可能进一步分解事物的特性，发现规律，这点大家容易理解。

## （3）分化问题，随记助力

如果你能将关注的事物分解得足够细，越细越好，把大问题分解成无数个小问题，对每一个问题都细致考察一遍，你就可能找到突破口或开辟新的领地。比如，研究生物的，可以将多细胞的行为分解到单细胞水平，甚至单分子水平，这样必定会遇到很多技术问题，但也可能激发你建立新的技术体系，另外，对自己研究的领域，你也可以这样要求自己，即提出 200 个或更多问题，在这 200 个问题中一定会有你的思想火花。

爱因斯坦曾说过，提出问题往往比解决问题更重要，因为关键问题的提出，常常表明你已经意识到解决问题的突破口。恩斯特·迪姆尼说过："大多数人一辈子都搞不懂什么是宗教、道德、政治或艺术等等，即使是对许多日常事务，我们也远远不是很清楚的。我们以为其他人很懂得他们对后代的教育；很懂得他们自己的事业；很懂得自己对这些问题也有十分明确的认识。事实上并非如此。其他人跟我们一样，生活在模糊的观念之中。当大家仅仅是在动脑筋如何开始思考时，却愚蠢地认为自己已经在思考那些重要问题了。"怎样解决这种难题呢？迪姆尼认为，思考不仅仅是想，最好拿出一张纸来，把想法记录下来。这样一来，你就能看出自己实际上是否在思考，思考得怎么样。这个办法很简单，而且很有效。

你将发现记录思绪能帮助你更集中地进行思考。迪姆尼提出的这个办法，许多研究思维问题的权威人士都曾提出过，叫做"随想录"的方法。它的要点是：集中注意力于一个问题，充分进行联想；无论想到什么都写下来；不要停顿下来检验或评价那些想法，否则会过早地切断你的思绪。这种随想录是自己用的，不给别人看。它的目的不是产生正规的作品，不是为了同别人交流思想，而是用来刺激思维。所以，它可以而且应当是非正式的、粗略的和高度试探性的，没有必要写得工整得体，即使充满各种语法错误也没关系。别人看不到你的"大作"，所以不必担心别人说你太笨。如果你后来觉得某个想法太俗气，可以涂掉而不至于使你丢脸。

### （4）突破常规，摆脱逻辑

想象一下理想状态会如何，极端条件会怎样，特殊人群会有什么需要，变成懒鬼是什么样，故意犯犯错会怎样，极小、极大、极多、极少时又会如何等等，这些思考可能会使你的问题简化，或者拓展。

比如，你开发一个产品，想象一下要是小孩子拿了就可能猛敲，战场上就可能颠簸和损伤，坏蛋就想搞破坏，你的产品是不是可以往这方面革新一下。一旦你辨识出你这条基本规则，接下来就是最重要的阶段了：打破那条规则。人们的思考方式多数情况下是垂直的思考，那么你想过没有，水平思考会收到什么样的效果呢？

1969 年 9 月下旬，世界各国的广告学家云集日本，参加世界广告大会。这次会议上引起最大反响的，便是英国剑桥大学教授的有关水平思考法的发言。教授主张，当你为实现一个新的设想而进行考虑时，很有必要摆脱一直被认为是正确的、固有的观念的束缚。举例来说，按照人们固有的观念，水总是往低处流的，如果仅从这一观念出发，世界上就不会有能将水引向高处的虹吸管了。水平思考法是针对垂直思考法而言的，垂直思考法是以逻辑与数学为代表的传统思维模式。这种思维模式的最根本的特点是：根据前提，一步步地推导，既不能逾越，也不允许出现步骤上的错误。它当然有合理之处，但如果一个人只会运用垂直思考这一种方法，他就不可能有创造性。

迪·伯诺教授举的下面例子，最能说明这种思考法：有一次，他给一群小朋友出了个题目：如何测量一幢高楼的高度？小朋友纷纷举手发言，有的说可以从最高一层放下一根绳子，让绳子正好着地，再量一下绳子的长度就知道了；有的说只要测量第一层的高度，再乘以层数；还有的说可以用几何方法等等。这时，一个小朋友忽然说，可以把房子推倒在地上量。大家一听都笑了起来，迪·伯诺教授却肯定了这个想法，认为这才是别出心裁，而别的方法都没超出常规。当然，房子是用不着推倒的，只要稍加修改测定方法就行。在距房子 10 米处的地上画一个白点，然后把房子和白点拍在一张照片上，在照片上用尺一量，马上就可以算出房子的高度了。这不就产生了一种新的测高方法吗？垂直思考法对事物进行"最合理"的分析观察，然后利用逻辑推理予以解决；水平思考法则尽力用各种不同的方法去观察事物，而不是用一种最有希望的方法去观察并处理某种事物。

所以，水平思考法就是要提倡从常规思路中走出来，寻找新的思路。水平思考法是一种既非逻辑性又非因果性，而是属于超越性的思考方法。它可从答案出发来对问题进行思考。

## （5）艺术创造，感性思考

你能把平凡的不起眼的事赋予更多艺术性或社会意义，比如变得有趣、富含深意，那就是一种创造力。把复杂的公式简单化，把普通的事做得更精美，更优化组合，更节能轻便，这是一种美学创意。把简单的东西做出复杂的结构和多样的功能来，也是一种令人惊叹的艺术。所以，做任何事，要试着把它做得细致入微，精美有趣或有意义。

在诗的想象中，诗人自然不能完全从主观感情出发，他当然也要观察客观事物的特征。发现了客观事物的新特征，就意味着新的创造，但是表现这种特征的准确性，是与诗人感情的准确性不可分开的。事物的特征常常是因为成了诗人感情的共鸣点，才能化为不可多得的生动形象。诗人的感情可以采取渗透的方式，在客观事物中以潜在的形态存在着，这时客观事物虽然也发生了变异，但是，是量的变异，并不特别显著。事物的客观特征，比起诗人的感情特征来说，占着较大的优势。但是，当想象力日益发展，感情的浓度越来越大的时候，诗人常常不满足于这种感情的从属状态，他要使感情处于更主动更突出的地位，甚至于在质和量上占着决定的地位，这时，客观事物特征的准确性就被征服了，它顺从着感情的准确性。

在《文心雕龙·神思》篇里，有这样一段话："寂然凝虑，思接千载；悄焉动容，视通万里；吟咏之时，吐纳珠玉之声；眉睫之前，舒卷风云之色……"这就是联想的威力，它不受时间和空间的制约，可以想到千年以前，万里之外；可以想到美妙的境界，像珠玉般的圆润；可以想到壮丽的景色，像风云般的舒卷。想象在本质上也是一种对于世界的思维，但主要地它是用形象来思想，是一种"艺术的"思维。

## （6）创意组合，崭新思路

组合也是一种创造，所以要时时想着是否可以给你的产品赋予更多的功能，是否可以整合不同的事物。创意是开发不完的宝藏，也是最强有力的武器。进行逆向思考，有效运用想象力，颠覆传统的思考模式。这样，很多过去无法处理的问题，就会有崭新的思考方向，从而使问题迎刃而解。

爱因斯坦说："想象力比知识更重要。因为知识是有限的，而想象力概括着世界上的一切，它推动进步，并且是知识的源泉。"1987年诺贝尔医学奖得主、麻省理工学院教授利根川进博士也曾经说："人类原本就拥有发挥创造力的本能。也就是说过去没有注意到的事情，过去没有人解得开的谜，人类都会想要去获得解答。这种喜悦是没有任何事情可以比拟的。"他进一步说："全球人口呈爆炸式地增加，人类的未来呈不透明化。今后必须以世界性的视角来思考人类要如何生存下去的问题。我们更必须体会到人类所具备的最强有力的武器就是创造力，除非全力发挥创造力，否则，人类将没有未来。"假如我们能够将日常生活中被视为"理所当然"的许多原理、原则、假设与观念换一个角度——譬如旋转180度——往往会有意想不到的结果。

事实上，在现实社会中就有许多这类案例：一般的动物园都是将动物关在固定的笼子里，而多数野生动物园却是将人"关"在车内，让参观者有全然不同的感受。

## （7）思维狂想，头脑风暴

胡乱联系，也就是头脑风暴，是一种发散思维。把大量不相关的东西放在一块，让他们任意组合，胡乱联系一下，再经过筛选分析，启发思维，寻找灵感。所以，有时候随便走走，或者随便翻翻不相关的书刊，跟无关的人员聊聊天，都可能启发思维，不一定要老是呆在某个地方冥思苦想才叫工作。我的导师常教导我们，吃饭也是工作，说的就是希望我们吃饭时能多结识外面的科研人员，有意无意中就可以交流一些信息。关于头脑风暴的著名案例：

有一年，美国北方格外严寒，大雪纷飞，电线上积满冰雪，大跨度的电线常被积雪压断，严重影响通信。过去，许多人试图解决这一问题，但都未能如愿以偿。后来，电信公司经理应用奥斯本发明的头脑风暴法，尝试解决这一难题。他召开了一种能让头脑卷起风暴的座谈会，参加会议的是不同专业的技术人员，要求他们必须遵守以下原则：

第一，自由思考。即要求与会者尽可能解放思想，无拘无束地思考问题并畅所欲言，不必顾虑自己的想法或说法是否"离经叛道"或"荒唐可笑"。

第二，延迟评判。即要求与会者在会上不要对他人的设想评头论足，不要发表"这主意好极了！""这种想法太离谱了！"之类的"捧杀句"或"扼杀句"。至于对设想的评判，留在会后组织专人考虑。

第三，以量求质。即鼓励与会者尽可能多而广地提出设想，以大量的设想来保证质量较高的设想的存在。

第四，结合改善。即鼓励与会者积极进行智力互补，在增加自己提出设想的同时，注意思考如何把两个或更多的设想结合成另一个更完善的设想。

按照这种会议规则，大家七嘴八舌地议论开来。有人提出设计一种专用的电线清雪机；有人想到用电热来化解冰雪；也有人建议用振荡技术来清除积雪；还有人提出能否带上几把大扫帚，乘坐直升机去扫电线上的积雪。对于这种"坐飞机扫雪"的设想，大家心里尽管觉得滑稽可笑，但在会上也无人提出批评。相反，有一工程师在百思不得其解时，听到用飞机扫雪的想法后，大脑突然受到冲击，一种简单可行且高效率的清雪方法冒了出来。他想，每当大雪过后，出动直升机沿积雪严重的电线飞行，依靠高速旋转的螺旋桨即可将电线上的积雪迅速扇落。他马上提出"用直升机扇雪"的新设想，顿时又引起其他与会者的联想，有关用飞机除雪的主意一下子又多了七八条。不到一小时，与会的 10 名技术人员共提出 90 多条新设想。

### (8) 观察需求，直线思考

只要是需求，都值得认真思考。实际上，对创造力评价的一个重要指标就是其社会意义，包括理论的，技术的，以及实际生活需求的。所以，一定要把自己的思维拓展开来，考察社会需求的方方面面，能不能建立一种关联。

比如，做基础生物学研究的不一定就只做实验室工作，可以拓展一下是不是可以与国计民生联系一下，比如垃圾处理，口腔卫生，食物监控，生物能源之类。你也可以先考察社会需求，然后看看哪些可以作为自己研究突破的方向。人才用以前没人用过的方式思考问题。——发展源于突破。"打破"是一个从认知到行为的过程。没有认知上的改变，很难有行为上的突破；没有行为上的突破，就不会产生新的体验。劳斯莱斯是最好的汽车，可是它服务的人数不够多，所以它并不是最赚钱的汽车公司。反观丰田汽车和三阳汽车、福特汽车，他们都是非常赚钱的汽车企业，他们并不是制造全世界最棒的车子，可是在顾客群体中，他们已经做到最高品质，而且他们的价位是合理的，因此他们的车很普及。

人类所创造出的文化，从另一个观点来看，有许多不尽合理的地方。尤其是长久以来的"直线式思考"。在促进科学发达的过程中，这种直线式的思考是一种强而有力的武器，发挥了极大的效力，因此造成大家认为只有这种直线式的思考，才是能满足人的理性思考方式的错觉。事实上，在科学的领域中，直线式的思考的确是十分有效的。

## （9）发散思维，集训速成

是一种发散思维的方法，就是将别的领域的思想方法用到自己专注的领域，或者将自己的思想方法拓展到其它领域，也就是学科交叉，甚至学科横断或上升到哲学层次。养成一个习惯，就是一有什么想法，赶紧记下来，然后不断完善，再然后就会想想是不是可以推广到相关领域，或者更宽的领域，其次就是实用性考虑，诸如可不可以用到日常生活或医学研究中去，可不可以申请专利、开发产品或工业化大生产。这样想的时候，也就会连带出更多配套性的问题，思维也就活跃了。

发散思维的训练

训练的要点如下：

①把握好发散思维和想象思维的关系。发散思维和想象思维是密不可分的，我们向四面八方任意地展开想象时，也就是在进行发散思维。所以，我们在做发散思维训练时，应尽量摆脱逻辑思维的束缚，大胆想象，而不必担心其结果是否合理，是否有实用价值。

②要注意流畅性、变通性和独特性的要求，在训练中要尽量追求独特性。当然，如果一开始产生不了独特性的思维结果也不要着急。从流畅性到变通性再到独特性，循序渐进，逐渐就可以进入较

高水平的发散思维状态。

③注意跳出逻辑思维的圈子。

④掌握时间和进度。在课堂上可以由教师统一掌握训练进度和时间，每道题以2—3分钟为宜。在课后自我训练时，时间可以长一些。

## 练习1：字的流畅

请在10个十字上加最多三笔构成新的字：

十、十、十、十、十、十、十、十、十、十

答案：干千田土丰圭士什仕古

拓展训练：

请在"日"字、"口"字、"大"字、"土"字的上、下、左、右，上下一起各加笔划写出尽可能多的字来（每种至少3个）。

## 练习2：观念的流畅

尽可能多地说出领带的用途

尽可能多地说出旧牙膏皮的用途

什么"狗"不是狗，什么"虎"不是虎

什么"虫"不是虫，什么"书"不是书

什么"井"不是井，什么"池"不是池

## 练习 3：雨伞存在的问题：

A. 容易刺伤人；

B. 拿伞的那只手不能再派其他用途；

C. 乘车时伞会弄湿乘客的衣物；

D. 伞骨容易折断；

E. 伞布透水；

F. 开伞收伞不够方便；

G. 样式单调、花色太少；

H. 晴雨两用伞在使用时不能兼顾；

I. 伞具携带收藏不够方便；等等。

解决方案：

A. 增加折叠伞品种；

B. 伞布进行特殊处理；

C. 伞顶加装集水器，倒过来后雨水不会弄湿地面；

D. 增加透明伞、照明伞、椭圆形的情侣伞、拆卸式伞布等；

E. 还可以制成"灶伞"，除了挡风遮雨外，在晴天撑开伞面对准太阳，伞面聚集点可产生 500 度的高温，太阳伞成了名副其实的"太阳灶"，用途一下子就拓宽了许多。

## 练习 4：方法发散

A. 用"翻"的办法可以办成哪些事？

B. 每天早晨有许多职工乘汽车上班，交通非常紧张，有哪些办法可以改变这种状况呢？

    C. 你对电话机的铃声可以做哪些改变？

    D. 要调动学生学习的积极性，有哪些方式可以运用？

## 练习5：结构扩散

用8根火柴做2个正方形和4个三角形（火柴不能弯曲和折断）。

小提示：一般在正方形中作三角形都容易从对角线入手，但对角线的长度大于正方形的边长，所以反过来想，又组成三角形，又有相同的边长，那就要错开对角线。

## 练习6：因果关系发散

如果没有了蚊子，会发生什么事情？

## 练习7：材料扩散

如果可以不计算成本，还可以用哪些材料做衣服？

## 练习8：0是什么？（至少想出30种）

小提示：脑袋、地球、宇宙、圆、英文字母O、氧元素符号、鸡蛋、扣子、面包、铁环、孙悟空的金箍、杯子、圆满、结束。

**（10）形象思维，类比记忆。**

一定要试着用图形表达各种意思，因为形象思维能够再现事物原型，能轻易发现言语容易遗漏的空间细节和时空逻辑矛盾。所以，想问题的时候，不妨多画画图，建立模型，用想象力去弥补思维空缺。你也可以用形象去类比，想象一下它像什么，内部可能是什么样的结构，换个角度想象一下，又会是什么结果呢？或者，建立一定的符号，进行逻辑运算，也可以很直观地理解问题，发现矛盾。形象思维，可以化抽象为具体，化僵硬为生动，打开大脑的通道，加强记忆力，并让思维活跃。

①模仿法：以某种模仿原型为参照，在此基础之上加以变化产生新事物的方法。很多发明创造都建立在对前人或自然界的模仿的基础上，如模仿鸟发明了飞机，模仿鱼发明了潜水艇，模仿蝙蝠发明了雷达。

②想像法：在脑中抛开某事物的实际情况，而构成深刻反映该事物本质的简单化、理想化的形象。直接想像是现代科学研究中广泛运用的进行思想实验的主要手段。

③组合法：从两种或两种以上事物或产品中抽取合适的要素重新组合，构成新的事物或新的产品的创造技法。常见的组合技法一般有同物组合、异物组合、主体附加组合、重组组合四种。

④移植法：将一个领域中的原理、方法、结构、材料、用途等移植到另一个领域中去，从而产生新事物的方法。主要有原理移植、方法移植、功能移植、结构移植等类型。

## （11）奇思妙想，打倒规律

问题就是机会，不应逃避，而应把它当成能取得突破的机遇。每次遇到困难，你最好问问自己，是不是里面暗藏什么机制性的东西，不要轻易放弃，先记下来再说，然后尽可能提出各种设想，逐个加以分析排除。

在思考的过程中，你需要解决的最棘手的问题是必须挑战那些阻止解决之道的思想——你的规则。破除成规的第一步就是辨识你的成规。因为可以看得出来的限制通常是使我们无法找到解决之道的主要成规。如果你将金钱列为限制之一，则你必定有一条规则规定，要解决问题需要某一数额的金钱。将你的规则全部列出，尤其是那些你认为不能破除的成规。这些成见就是大部分不可能的问题的核心。你对你的问题仍有诸多的规则。你在破除你的固定思维模式时，会创造出许多构想，有些很好，有些很糟。你对这些构想的评估是以规则为基础，为了接纳或拒绝这些构想而制造规则，再检视你的构想清单上的构想，由你最好的构想开始。你也应该有一些你认为无效的构想，找出它们无效的理由。

例如，你会因为某个构想风险太大而拒绝它，那意味着你心中暗藏着一条规则，只有低风险的计划才是可以接受的解决之道。如果你的规则看起来很明显，也不用担心，其中有些会明显得让你不想将其列入清单中。明显的规则是很适合破除的规则。没有人曾认真考虑过要违反这些规则，而明显的解决之道则一再地徒劳无功。列出一长串的规则清单，然后挑一条加以破除。是否有某一条规则一旦破除，就能让你解决问题？这是基本规则，或许会有一条基本规则是：贪婪、自私的人不会帮助饥饿的人。

如果你可以打破这条规则，你可以终结饥谨。如果没有任何规则在你加以破除后可以解决问题，则再多找些基本规则。用每一个打破固定模式的练习来扩展你的思维，代替那条基本规则。如果你有一个可以有各种解决之道的问题，就会找出这条规则。一旦你辨识出你这条基本规则，接下来就是最重要的阶段了：打破那条规则。

## （12）数学模型，反应超前

对任何事，要尝试建立数学模型去量化、标准化。毕竟世界上很多事还无法量化，这实际上既是挑战，也是发挥创造力的机遇。比如生物医学，目前很难量化，但某些方面却又存在数量关系，很多人就不考虑这种关系，做的研究就可能与实际情况相去甚远。十几年前，科学家就喜欢问一个细胞里到底有多少特定的某种蛋白分子，这种蛋白与其它分子定向结合的几何几率到底有多大，某一种蛋白量的变化对最后效应又会有多大影响，并提出好几种量变模型，而且这些模型是可以设计实验验证的。可是生物医学界一直就很少有人考虑这些问题，现在也只是慢慢被人意识到，说明这一想法还是超前的。

## （13）预测未来，聚焦科技

你可以想象一下，20 年后人们会怎样生活和工作，然后把目标聚焦到具体领域，细化一下，这些预测结果就可以作为你研究要达到的目标。比如计算机行业，未来肯定是功能大整合，一台掌上电脑就可以满足你几乎所有的信息处理工作，比如打电话、看电视、上网、教育、咨询、服务、仪器控制等等。所以，这个行业的一个创新就是不断整合，今天有 iPhone、iPAD，明天就可能有 i100，后天就可能有 iALL，做饭、看孩子这样的琐事几个按钮就可以控制解决。那现在的任务就是围绕这些来开发，去完善，要做出比 iPAD 功能更多更好的产品应该是一种必然。

对于其它领域，思想也是可以超前的，比如人体那么多奥秘，有些少人问津，虽然技术上相当困难，但也不是不可能设计实验进行研究的，至少可以确定为目标，可以一步一步往前摸索。也只有这样，你的思维才能超过别人，才有可能取得大的突破。

关注最新技术最新思想，新技术新思想实际上就是创造力的最佳生长点，一定要敏锐地把握最新信息，了解前沿动态。对新事物的第一反应，应该是，这是我创新的机会，一定要琢磨一番，是不是自己可以在此基础上更进一步，或者拓展开来，为我所用。即使这样的想法没什么实际价值，也要把它记下来，且作为一种思维训练。所以，越是自己不明白的，越要去接触它，不能完全由着兴趣（喜好有时候就是一种思维定势）。因为新技术必定不完善，有太多值得拓展的空间，获得新想法的几率更高。

## （14）惊奇设想，逻辑推演

读书的时候，有一位导师曾经让他的学生无拘无束想各种问题，鼓励他大胆设想，先不考虑任何技术可行性，或者是不是荒诞不经，先根据已有材料建立假说再说，然后大胆推演，寻找证据，不断改进。没有证据的，就用想象来填补，留一个空缺。比如，假定自己的模型正确，它必定会有很多衍生特征，可以分解它的这些特性设计实验进行验证。假定它不正确，在验证的过程中自然也会了解很多信息加以修正。所以，一定先要有模型或假说，不管对不对，有总比没有好。有了模型和浏览之后就要不断推演，分解细化。所以那时长进最快，会学到很多东西，也会提出很多自己都觉得惊奇的设想。

逻辑训练方法，需要实战中总结，设身处地训练，一定会有所收获。

出 5～10 道不同类型的题目给自己做，考什么、怎么问、陷阱在何处、怎样构造迷惑性选项，在平时的训练中，比如对一些已经考过的题，考生也可以换种问法来出题以训练自己的思路。下面举一例：

由于近期的干旱和高温导致海湾盐度增加，引起了许多鱼的死亡，虽然可以适应高盐度，但盐度高也给养虾场带来了不幸。以下哪个选项能够提供解释以上现象的原因？

A. 一些鱼会到低盐度的海域去来逃脱死亡的厄运

B. 持续的干旱会使海湾的水位下降这已经引起了有关机构的注意

C. 幼虾吃的有机物在盐度高的环境下几乎难以存活

D. 水温升高会使虾更快速地繁殖

E. 鱼多的海湾往往虾也多，虾少的海湾鱼也不多

【解题分析】

正确答案 C 如果 C 项为真，说明虽然虾能适应高盐度。但是由于幼虾吃的有机物在高盐度下难以存活，因此海湾盐度增高，同样

威胁到虾的生存，特别是繁衍，给养虾场带来不幸。其余各项均不能解释题干，本题也可以改造成削弱题型。虽然近期的干旱和高温导致了海湾盐度增加，引起了许多鱼的死亡。但虾可以适应高盐度，因此盐度高不会给养虾场带来不幸。以下哪个选项如果为真，最能削弱上述结论？在选项不变的情况下，答案不变。

解剖实验训练

平时训练时，对自己做错的题或虽然作对但费时较多的题，在回头重做时一定要写下这道题的分析过程，进行解剖实验，规范自己的思路及操作。下面举一例：

如果李生喜欢表演，则他报考戏剧学院。如果他不喜欢表演，则他可以成为戏剧理论家。如果他不报考戏剧学院，则不能成为戏剧理论家。由此可推出李生将：

①不喜欢表演

②成为戏剧理论家

③不报考戏剧学院

④报考戏剧学院

⑤不成为戏剧理论家

解题分析：

正确答案 D，本题是一道复合命题推理的题型，其解题方法是边读题边抽象出推理关系，并记在草稿纸上。通过递推即可找到答案，由本题题干可得出以下推理关系，喜欢表演报考戏剧学院①不喜欢表演能成为理论家②不报考戏剧学院不能成为理论家③因此③等价与它的逆否命题能成为理论家报考戏剧学院④由②和④得出不喜欢表演报考戏剧学院⑤所以由①和⑤不管李生喜不喜欢表演都将报考戏剧学院。

### （15）哲学思考，理解本质

学点哲学总是有好处的，因为哲学是归纳的结果，具有普适性，下意识地用哲学思想去分析具体问题，往往能更深刻地理解事物本质，触发灵感。比如要学会辩证、系统、动态地分析问题，从不同层次分析系统要素，研究其结构特性和信息调控机制。也可以从具体研究对象由此及彼地推广应用，甚至上升到更高层次或哲学层次。有些人很反感哲学，以为学不学无所谓，其实这也是一种感情用事的定式，因为关键是你会不会用，或者你用了还以为没用。比如，生物学家学点耗散结构等哲学思想，就可能会去思考生命现象中的自组织机制，研究自组织中心，猜测系统运作机制，所以他就可能想到别人想不到的可能性。

### ①形象性、故事性、趣味性原则

这个原则是说：儿童进行哲学思维训练的时候，要尽量运用故事寓言、游戏等方式，故事要具有形象性、趣味性，让儿童在愉快的气氛中学习，在愉快的过程中得到教育，受到熏陶。学习的气氛必须是生动活泼的、愉快的、轻松的。哲学思维训练需要遵循这个原则，是由儿童思维的特点所决定的。

第一，他们的思维方式毕竟形象思维占着更加重要的比例，抽象思维的因素毕竟还比较薄弱。如果采用高度抽象的哲学命题和哲学知识，孩子们一定不喜欢听，也听不明白。最好的教育方式是从故事中、从生活中、从形象生动的例子中，领悟哲学的道理。

第二，从形象到抽象，从具体到概括，是人类思维发展的基本过程，也是儿童思维发展的基本过程，也是学生们学习的基本过程。这三者是统一的。哲学思维训练，也应该从形象开始，从形象中学会抽象，从具体中领会概括，从生动的事例中掌握、领会一般的哲理。

第三，思维心理学研究表明，在愉快的气氛中学习，大脑的潜力能得到比较充分的发挥。轻松愉快的气氛中，右脑也激活起来了，左右脑能比较协调地工作，从而提高大脑工作的效率。

## ②自主性学习原则和集体讨论原则

自主性学习原则的提出，有两个原因，一是因为哲学知识的学习与一般的知识不同，它需要更多的消化、更多的反思，它并不是要记住一个简单的结论，而是需要反复地咀嚼，推敲和思考。哲学学习更多的是一种自我教育，哲学学习像学走路、学说话一样，是需要帮助的。但是，更需要儿童自己走、自己说，学会自己咀嚼、消化、自己吸收。儿童哲学思维训练多采取集体讨论、学生主讲的方式的好处是容易激发儿童的兴趣，互相启发。

## ③层次原则和适用原则集体学习

这就是说，哲学思维训练的内容、方式，要随着儿童年龄的增长、知识的积累，阅历的丰富而不断地寻找最佳的形式。不同的年龄层次、不同的知识层次，应该采用不同的方式。比较有趣的故事，通过讲述或阅读这些故事，与孩子们一起提出问题、讨论问题，寻找哲学的启示，从而训练学生的思维方法，提高思维品质。

通过哲学故事来启发哲学思想。古今中外的许多寓言故事是哲学的很好的教科书，是人生的教科书，它们充满着哲学的智慧。从这些寓言中可以学得许多哲学的道理。塞翁失马的故事告诉我们，世界上的事物祸福相依，利弊相杂，需要辩证地看待祸福得失。守株待兔的故事说明，世界上有的事物是偶然的，有的是必然的，经常的，我们不能把偶然的事情当作经常的、必然的，劳动与收获之间，有着必须的联系，只有努力劳动，才会有所收获。结合人生故事学哲学。有些故事是历史的，有些故事是现实的。但是每一个故事中都蕴含着生动的哲理，可以让孩子从中学习。

## （16）行胜于言，跳出定势

我从前也相信，态度决定一切，现在，这句话还是要辩证地看，因为如果只有态度而没有行动，那么，再好的态度，也是空话。慷慨激昂的话，很多人都会说，但如果要拿出行动、事例、数据来证明，可能就要交白卷。很多时候，只有亲身经历一些事情，你才可能在某方面形成独到的见解。文学家如此，做科学研究的也一样，各行各业，无不如此。比如创立肿瘤血管抑制治疗的科学家就因为他发现临床上肿瘤血管增生与预后有关，而那么多只呆在实验室的肿瘤学家就很难了解这一点，也就无从谈起发现新规律了。所以，有时候不一定要有成熟想法才去做，而应边做边发现，摸索前进，很多美国学者就是这么干的。行动的过程中，一定戒骄戒躁，安排合适的计划和目标，一步一步的去实现。千万不要好高骛远，制订一些过高的计划，也不要贪多，一次制订若干个计划，只需要一个切实可行的目标即可，定时定量的去完成，一定可以达到目的。

所谓思维定势，是指人们从事某项活动的一种预先准备的心理状态，它能够影响后继活动的趋势、程度和方式。构成思维定势的因素，主要是认知的固定倾向。先前形成的知识、经验、习惯，都会使人们形成认知的固定倾向，从而影响后来的分析、判断，形成"思维定势"——即思维总是摆脱不了已有"框框"的束缚，表现出消极的倾向。下意识地问问自己的思维模式是不是一种定势，是否可以跳出来呢？这样想的时候，也许你可以感悟到自己的局限，并把思维带到另外的角度或方向，甚至可以天南海北自由驰骋，突破常规。一位联邦调查局的探长在茶馆里与一位老头下棋。正下到难分难解之时，跑来一个小孩，小孩儿着急地对探长说："你爸爸和我爸爸吵起来了。""这孩子是你的什么人？"老头问。探长答道："是我的儿子。"请问：两个吵架的人与这位探长是什么关系？这个问题的答案只能是：探长是女的，吵架中的一方是她的丈夫，即小孩的父亲；另一方是探长的父亲，即小孩的外公。有人曾将这道题对 100 个人进行了测验，结果，只有两个人答对。后来，又有人将这道题对一个 3 口之家进行了测验，结果，父母猜了半天没答对，倒是他们的儿子（小学生）答对了。这是怎么回事呢？这就是思维定势在作怪。人们习惯上总是把"联邦探长"与"男性"联系在一起，更何况还有与"男性"有联系的"茶坊"、"老头"等支持这种思维定势。对于这样的答案之所以不服气的人，同样也是受了思维定势的干扰。他们困于认识的固定倾向，而不能识破题目布下的圈套。因此，由认识的固定倾向所产生的消极的思维定势，是禁锢人的思维的枷锁。

## （17）坚信自己，拒绝等待

比如，做生物医学研究的，不要老是在自己圈子里打转，看大量文献，而要把自己看成上帝，想想要是自己来设计人体和世界，会怎样做。有很多问题，用目前的理论无法解释，很多人就不敢碰，却又是人类认知突破的节点，只有感悟世界可能的规律，你才可能用想象去填补事实与知识间的巨大空缺，才可能从高处俯视你的研究领域。当然，能达到这种思维境界的，非一般人能做到，需要刻苦磨练和高超的悟性。

学会收集资料和思想方法，积累基本知识和资源，成为某方面的专家，洞察研究前沿，这些都是创造思维的基础。信息不够也不要止步不前不要停止前进的脚步——这是至关重要的。前面讲到过，课题中有许多不确定的因素，是亦步亦趋地跟随别人确定前提条件，还是在没有得到确认前就止步不前呢？再或了解模糊就是课题本身所具有的，利用现实的标准"自行"决定从而不断推进呢？采取的方式不同，最终的结果也会有天壤之别。每走一步都要等待，从他人那里得到对前提条件的确定，这种人就是所谓的"等待指示族"。然而，需要注意的是，由自己确定前提条件向前推进的人，必须明确设定了怎样的前提条件，能够使他人理解，前提不同的话，无论何时都不得不返回必要的地方重新来做。

## （18）追求效率，抓紧时间

在规定时间内找出答案假设思考的另一个要点是在规定时间内

找出答案的"时间魔盒"式思考方式。规定时间为三分钟，就要给出三分钟应该做出的回答，三个小时有三个小时的回答，而三周则有三周的回答，这都是十分重要的。费米推定例题也是如此，重要的是在规定时间内给出答案。不要考虑根据"能做出多少"来估算所需时间，而要考虑"在期限内能做到什么程度"，以"时间魔盒"为根本出发，这种思想的转变一开始会比较难。追求完美主义的人即便知道有时间限制，也不可能给出一个"粗略的"答案。在没有得到详细的前提条件和确定课题定义的情况下，绝不可能着手开始解决问题，证据不是十分充分的话必定会延长答题时间。希望完美主义者能够明白，在每天的工作中给出"依据不确定"的假设结论，比突然被要求算出中国全国有多少根电线杆的难度更大。在商场中，经常会要求我们只根据有限的时间和信息给出最佳的决定。当然追求最终结果的完美化十分必要，但是有时也是有弊端的。

## （19）巧用感觉，执着工作

在对思维缺乏科学认识时，人们特别看重感觉的作用。那时，最引人注目的说法是"做你自己想做的事"，"跟着感觉走"和"时刻跟感觉保持联系"。这是片面的，感觉不应该和思考割裂开来，而且还应该是相辅相成的。感觉可以对解决问题和决策产生难以计数的积极作用。它不仅能产生某种导致答案的预感、印象和直觉，而且更重要的是，它还能提供迎接严峻挑战和坚持不懈解决问题的执著和热情。

爱因斯坦花了7年时间埋头苦干，搞出了他的"相对论"；爱迪生用了 13 年时间，使电唱机得以完善；哥白尼为证明太阳是整个太阳系的中心，花费了 30 余年心血。还有成千上万的人不知疲倦地工作着，为的是实现极为困难的目标——战胜疾病、贫穷、无知和野蛮。如果不是对他们各自工作的重要性有着深刻而持久的感情，他们就不会坚忍不拔地干下去。那种认为只有艺术家靠感觉，而科学家和其他实干家则像计算机那样解决问题的流行观念，早就受到了学者们的批驳。爱因斯坦本人就曾明确肯定直觉在科学研究中的作用。他说："发现复杂的科学定律，是没有逻辑途径可循的；只有直觉的途径可以利用。科学发现要借助于对表面现象背后的秩序的感觉。"亚瑟·科斯特勒研究过很多著名科学家的生平，他认为："在普通人的想象中，这些大师们好像是冷冰冰的逻辑机器，是安装在木头棍子上的电子头脑。"

其实，如果让一个人看看这些人的信件和自传选集，然后让他猜一猜这些人的职业，他最可能的回答是：一群天真烂漫的诗人或音乐家。"当然，并非所有的感觉都是好的。有些感觉会引导我们走上歧途。有时候，即使是性情温和的人也会产生粗暴待人的冲动。理智要求我们不要做感觉的奴隶，而是应当冷静地检验自己的感觉，去虚存实，去伪存真。

## （20）关注细节，思维创新

富兰克林说："停止了创新的思考就如同停止了生命。"未来社会所需要的人才，不再会是那些为赚取生活费而小心翼翼、惟命是听的机械式奴仆，而是从心底满怀希望、敢作敢为、能适应急剧变迁的现实的人。世界上不怕有不能解决的问题，只怕没有新的思考、新的观念和新的方法。

思路是对事物的策划。传统是一种积累，是一种历史的积淀。它又是一种习惯势力，有巨大的惯性。如果一味死守传统而不思创新，再优秀的传统也有可能变成包袱，从而变成前进的阻力。中国文字，总以师承"承先启后"，基本是"直线运动"和"惯性运动"。高等数学里的正和负，常数和变数都标志变化。该继承的没有继承，该创新的没创新，怎能开拓进取。

科学的发现和创新，其实就是标新立异的过程，计算机和集成电路的发明，无一不是冲破已有定式、求异创新的结果。创造力固然是每个人天赋的本能，遗憾的是，大多数的人都恪守传统、脑筋死板、固步自封。因此，察觉不出自己具有创造性的本能和潜质，使得这种潜能未被活用而日渐生锈、弱化。创造性思考能力将使我们的生命充满生机、希望与挑战。展开在面前的不是你争我夺、相互倾轧的社会，而是一片广阔的园地，一片知识的海洋与浩瀚的自然奥秘，这将使我们在工作上得到无穷的乐趣，并且使社会增加了个人努力所累积的果实。

总而言之，倘若只是循规蹈矩，在处理日常业务中，也许不会有过失，但自己的一生，能有过人的发展吗？其实，如果能在平时多动动脑，不但能增加生活乐趣，也能对工作有一个全新的思考空间。逆向思考与逆向操作需要超人的胆识与勇气，往往出乎竞争对手的意料而获得成功，心动不如行动，有兴趣的读者，何不身体力行，马上行动！

思考的潜能虽然人人都有，但绝大多数人往往对此一无所知。现实生活中，许多人都以为十分清楚自己能力的大小和极限，而实际上他们根本不知道或并不完全知道自己究竟有多大"能耐"。正是对自己潜能的无知，才使许多事情不能做成，许多目标不能实现。

德国科学家卡费尔德指出："对自己起限制作用的错误感觉是创造高水平业绩的最大障碍。"古往今来，无数有着辉煌成就的杰出人物原本并没有什么超越常人的特殊才能，但无不具有超越常人的发掘自己潜能的特别能力。他们勇于挣脱潜能的束缚，相信自己一定能够做成自己想做的事情，然后放手大胆地去拼搏，卓有成效地去努力，直至发掘出自己的最大能量，发挥出自己的最好水平，创造出事业的最佳成果。事实上，只有充满自信、善于思考的人，才能超越别人。要充分发挥你的思考潜能，善于思考是非常重要的。只有会思考的人才能把自己巨大的潜能发挥出来。思考力就像蕴藏在地下的宝藏，只有你会挖掘，才能获得巨大的收获。如果你不会思考，那么你就不会得到思考的乐趣。

那让我们学会思考，敢于思考，善于思考，利用思考；让我们学会行动，敢于行动，善于行动，利用行动。在思考中提升自己的智慧，在行动中增长自己的能力；让思考指导行动，让行动增长能力。让我们运用自己思考的智慧，发挥自己特长的能力。

# 第二章　观察力

（一）观察力不言而喻的重要性

观察力是人们在对周围事物进行有目的的、有计划的、比较持久的知觉过程中，能全面、深入、准确、迅速地把握事物特征的才能。是有步骤地获得事物某些基本现象和特征的感知活动，在观察时，观察者通常要预先提出一定的目的和任务、拟出一定的计划，按计划仔细地察看知觉对象，向它提出问题，从中寻求答案。观察的重点是了解观察对象自身的特点及变化，与"注意"相比，观察与认识的心理过程关系更为密切。指大脑对事物的观察能力，如通过观察发现新奇的事物等，在观察过程对声音、气味、温度等有一个新的认识。

## 1. 观察是获得知识的第一环节

通过观察首先可以获得对事物的感性认识，而通过对感性认识的不断积累综合和思考，最终将升华为理性知识，所以说观察是人类智力活动的源泉。著名生物学家达尔文曾说过：我既没有突出的理解能力，也没有过人的机智，只是在对事物的观察能力可能在众人之上。

明代医学家李时珍在古医书上看到巴豆是泻药，于是在治病时总把巴豆当作泻药使用。可是，有一次他在治疗的过程中，试着给腹泻患者以少量巴豆，却发生了意想不到的结果：患者的腹泻止住了。于是，李时珍对巴豆的药性进行了全面的观察，发现从总体上讲，巴豆是一种泻药，但针对某些特殊的病症，却又是一种止泻药。具有好的观察能力的人，观察问题与李时珍一样，比较全面。

## 2. 准确的观察力是纠正或者发现错误的重要根据

人们之所以能发现载嵩的《斗牛图》中"牛尾高翘"的错误，就是平时准确的观察事实。在科学历史上新发现和技术革新，都是通过准确的观察后，从对前人的学说或事物的现象产生怀疑而开始的，例如哥白尼之所以能创立"日心说"，就是因为他通过长期的、准确的观察发现了"地心说"的许多谬误；有关物体重量与降落速度的关系，在伽利略的倾塔实验之前人们都错误地认为：物体降落的速度与重量成正比关系，是伽利略通过大量的实验纠正了这一错误认识，即两者降落速度相同。同样，拥有观察力，也便能很好的发现不同寻常的东西，使之成为线索，直逼真相！

## 3. 敏锐的观察力是捕捉成功机遇的重要条件

机遇是出乎人们意料的好的境遇和机会。意外的机遇往往成为某件事情成功的契机。捕捉时机，是观察的一种手段。机会，随着主动地去观察趋于变化，现要解决的问题和创造的机会。因此说，观察趋势的目的是为了发现就会善于区别趋势和时尚，就可以发现在开展具体的观察活动时，有计划、按步骤地进行，带着一定的目的和任务观察，无疑是十分重要的，但绝不因此而忘记那些急于带给我们的新现象，更不能随便舍去"微不足道"的新现象。

某些时候，由于偶然机遇，某一"细小"新现象突然呈现在我们面前，有显露的，有弱暗的，更多的是瞬息即逝，如果一旦抓住了它，很可能成为我们概括事物规律、揭示事物本质的根据。在科学技术的发展历程中，由于机遇的降临而引出的新发现和发明的就有很多，青霉素就是英国的细菌学家沸莱明在一个偶然的机会里发现的，他后来曾说过，我唯一的功劳就是没有忽视观察，由此可见敏锐的观察力在科研工作中的重要，当然在我们的侦探学习中也需要有敏锐的观察能力。

## 4. 具体的观察力是人才的必要素质

人类要想在观察活动中取得对事物的全面深刻的认识，必须具备一定的素质；而每一次观察活动，也都会丰富、提高观察者的素质。一个人的自我发展，其实就是观察力的不断提高。一个社会的进步与落后，一个民族素质的高低，有时候也在这个民族成员普遍具有的观察力上有所表现。

可以说，培养和提高观察力，是提高个人和民族素质的重要途径。观察是所有科学研究形式中最重要的一个环节，只有通过观察才可能发现并提出问题。爱因斯坦说过，发现、提出问题比解决一个问题更重要，因为解决问题可能就是一个数学的运算或者实验的技巧，而发现、提出问题却需要通过观察，并具有创造性的想象力才能够实现。回顾人类科学的历史，很容易发现，没有一门学科离得开观察力。天文学、力学、数学等概莫能外。随着历史的发展，科学家从感官观察扩展到仪器观察，从自然状态的观察扩展到太空观察，日益克服感官、生理和生存环境的局限，使科学观察的效率越来越高，领域越来越广阔，但这一切都还是人的感官和思维器官的延伸和补充。

除了自然科学以外，人类其他活动也离不开观察力的作用。

比如文学。文学家鲁迅先生说过："如要创作，第一需观察。"19世纪伟大的戏剧大师易卜生说："做一个诗人是什么意思呢？我费了很长的时间才意识到，做一个诗人实质上是观察。但是，请注意，他的观察要达到这样一个程度：观众现在所看到的、所了解到的全部是诗人早就观察到的。唯有亲身经历过的东西，才能观察到这种程度，才能理解到这种程度。"中外许多作家之所以能在作品中把人物、场景描写得生动传神，一方面与他们高超的文学表达和丰富的想象紧密相关，另一方面与他们高度敏锐的观察力有很大的关系。

在战场上，要"知己知彼"，方能"百战百胜"；现代经济，更是要吸引人们的"注意力"和'眼球"，才能带来更大的飞跃；政治活动、生产劳动、艺术创作、学术研究、教育实践……都离不开观察力的作用。

观察力是形成技能的必要条件。具有良好的观察力，其实也就具有了良好的学习能力，养成技能的过程自然而然会变得轻松。良好的观察力可以帮助人们进行记忆等多种思维活动，促进学习和工作的进步。很多人急于求成，看不到观察力与学习进步的直接利害关系，而对其训练极不重视，结果往往始救不及。其实，如果不去有意识地加强观察力的培养，使其在复杂的事物和现象中善于观察事物和现象的细微变化及其本质特点，就不能有效地进行充分感知，获得规律性知识，分析、判断和综合概括能力也将难以得到提高，而这些都是智力发展、学业进步和人生腾飞的必需条件。

其实，我国古人是非常重视人的观察力的培养的，"明察秋毫"、"见微知著"、"仰以观于天文，俯以察于地理"……无一不在启发后人。我国古代学者用肉眼进行了大量的天文观察，在甲骨文中就有许多关于日食、月食的记录。据初步统计，在我国古书中，关于彗星的记录多达 500 次；对太阳黑子的记载有一百多次；对流星雨的记录近二百次……现代西方天文学家曾惊叹："中国古人测天的精勤，十分惊人。黑子的观测，远在西方人之前大约二千年，历史记载不绝，而且相传颇确实，自然是可以征信的。"正是这不断沿袭的注重观察的传统，才使得中华民族的文化璀璨于世界民族之林。

对于正处于学习阶段的孩子，观察力的培养和提高非常重要。前苏联著名教育家赞可夫对学校中的"差生"进行了研究，发现"差生"的普遍特点就是观察能力较差。善察者，可见常人所未见；不善观察者，入宝山而空回。"受掣于观察能力，"差生"们掌握知识的能力也逐渐降低，求知欲望渐渐下降，最终厌倦学习。反之，如果拥有了好的观察能力，学习的热情自然而然得到提高，掌握知识的能力、学生的综合素质也渐渐提高，教育的目的才能真正达到。

观察力也是未来人类的综合素质之一，较好的观察力有时候可以视为较好的思维能力和较高的综合素质。观察不是某些人的专利。作为一个普通人，即使不打算在某一领域成为佼佼者，学会观察也是非常必要的。在现代和未来社会，学会观察社会现象，做出自己的判断，并制定出自己的行为准则，才能不断地提高自己的素质，更加适应社会发展的节奏。

## （二） 明察秋毫怎样进行？

1. 观察要仔细。在观察事物时如果粗心大意，走马观花，往往会错过或漏掉一些细节部分，导致"视而不见，听而不闻"，然而有的恰好是细节部分起关键作用，错误往往也就出在这里，曾有一位教授给他的学生做过一项有关"食醋"的观察试验，结果绝大部学生由于观察不细心，结果出了错误。唐朝大画家戴嵩作过一幅《斗牛图》，但由于他平时观察不仔细，导致出现"两牛相斗，牛尾高翘"的错误，观察细致，感受独特、细致，是观察力的基本要求，也是考察观察力高低的基本条件。

在我国的汉字中，形近字往往给不善于观察的人带来很大的困扰。有时两个字的形状只有一些细微的差别，比如"天"和"夭"，"日"和"曰"，"准"和"淮"等等，人们往往容易将它们认错或者写错。在学习英语的过程中，来自形近字的干扰就更大了，很多英语单词看起来十分相像，实际意思却差之千里，很多学习者都望而却步……

2. 观察时要抓住事物的特征。在我们现实生活中有很多事物之间总有着一定的联系或相近特征，所以在观察这样一类事物之间总有着一定的联系或相近特征，所以在观察这样一类事物时就必须抓住其特征，找出不同事物之间的共性和特性，这样才能获得清晰的正确的认识，才能区别事物，宋朝著名文学家欧阳修曾得到一幅名为《正午牡丹》的古画，画中有一簇牡丹和一只猫，欧阳修不解此画为何题名《正午牡丹》而不为其他，他亲家吴清看完画后对了说：画中牡丹花瓣红艳，这正是牡丹在正午时的状态；再看猫的眼睛，其瞳孔细小如线，正午时分的猫眼也正是这个样子。欧阳修听后佩服之至。这就是吴清在平时和看画时观察仔细，并抓住了事物的特征、要害，从而真正领会了画中的意境。

一般人通常只注意那些显而易见的特征，比如颜色、形状、大小等，但他们对物体的性质特征却不能很好地区分开来。比如，让孩子观察玻璃杯和瓷杯，很少有人能说出它们都是圆的、玻璃杯是透明的等特性。准确，是观察力的根本，也是观察力表现效果的根源。抓住本质特征，是观察的目的之一。观察时抓住事物的本质，不仅能认识事物的现在，还能预见未来。一个观察力很强的人，能够经常预言事物发展变化。

3. 观察要全方位、多角度地进行。事物的不同性质，往往是从不同的方面体现出来的，养成全方位、多角度的观察习惯是获悉信息的一个重要方法，同样一件事物从不同角度或从整体或从局部进行观察往往会得到不同的信息和结论。"横看成岭侧成峰，远近高低各不同"作者就是从横、侧、高、低、远、近等不同的方位观察描写勾绘出庐山的壮美。另外，出于不同的需要和目的，对同一事物的观察也会得出文学家主要是借助大海的汹涌澎湃抒发情怀；而渔民只是把它作为生活的依靠，从而感悟到它的凶险和恩赐。

## （三） 洞见底蕴如何培养

### 1. 日常的观察和认证

哲学上讲，有比较才有鉴别。把性格特征相似的一类人放在一起比较，准确地区分出每个人与他人的不同之处，也就是一个人独有的特征。比如都是民工，或都是知识分子，他们既有自己那一群人的共性，也有自己的个性。而个性是需要认真掌握的。这样写出来的人物才能避免类型化。

观察人物的性格，不是在静态下的观察，而要在人的行动中作动态的观察。通过观察对象的一颦一笑，一挥手一抬足，或在做同样的事情时，各人的心理、动作等等的不同。

要尝试抓住一切机会在日常的生活中去观察，但观察什么呢？

（1）手。这个和许多看相的也要先看手一样，手上的一些细节能表示此人的可能职业和背景。柯南道尔也同样指出过几点：指甲，大拇指与食指之间的茧子。指甲的话，通常说就是指甲的长度，指甲缝中的残留物质。比如说在指甲里发现有白色粉末，如果再配合上衣着或者其他特征，就可以大胆的假设此人从事教育工作，白色粉末是残留的粉笔灰，当然一般来说，老式学校的教育工作者在裤脚衣袖上也会残留一定的白色粉末。又比如指甲，比如说昨天我去澳大利亚移民局续签，就借机会仔细地观察了那个签证官，我注意到他右手和左手大部分手指都留有指甲，唯独右手中指和左手食指的指甲挺干净的，这个就可以判断说此人有咬指甲的习惯，但在澳大利亚来说，有咬指甲习惯的人通常情况下都是做接待工作的，而且他们的接待工作一般劳动强度很大，所以压力也很大。

（2）长相。比如说脸，腰，臀，脚。康熙时候的"海霹雳"施琅曾经在训练海军的时候提出过这样的观点"北人擅马，因此屁股大；而我们南人擅水，所以有什么特点呢？脚掌大，脚掌大了在甲板上才站得稳，不会晕。"

（3）穿着。比如柯南道尔提过的"衣袖、靴子和裤子的膝盖部分，以及衬衣袖口"也就是这个道理。通常可以从这个的干净或者脏的程度、皱褶情况来判断此人可能的职业。在这里，我们可以把柯南道尔说的"靴子"衍生为鞋子。一样道理。

（4）言谈举止。也就是有个人的说话方式和气质，这点是内在的，不是说改就能改了的。比如说在《血色》中说的具有的军人气质这样的话，但具体什么叫做军人气质，这东西倒真是只可意会，不可言传了。

（5）平时的积累。要能做好判断一个人职业的这一工作，最为关键的不单是观察，还有记忆和整理。将所看的，所听的，所学的知识整理成一条线索加以记忆，这个是必不可少的。

（1）和（2）无所谓前后关系，而是在日常生活中，不断积累，不断前后反复交替的一个过程关系。

希望大家都能够像柯南道尔说的那样，通过对自己敏锐的洞察力，准确的判断力的培养，从一滴水上推测出大西洋的存在，而从生活中的一个小环节，推出整个生活链条的情况。

## （四） 良方在握如何训练

### 1. 重复观察法

为了避免纰漏和似是而非的错假现象，求得对所观察对象的精确和深刻，重复对同一事物或现象的观察是非常必要的。重复观察，往往能够探明真正的事实。在科学上，科学理论的形成要有实验依据，而且这些实验必须能够重复。丁肇中发现 J 粒子后不久，又有美、德、意的科学家发现同样的现象，才被广泛承认。要证明一种理论、一个现象，光凭一个人的观察是不够的，需要很多的重复观察的参与。特别是对那种发生或发展特别快或有其他干扰的事物或现象的观察时，由于我们观察的感应速度难以跟上或注意力容易被干扰，如老师在氯气和氢气的化合试验时，有的同学可能被镁条燃烧时发出的强光干扰而影响对试验发生的反应现象的观察。像这样的情况就必须重复多次进行观察。

### 2. 比较观察法

在观察两种相近或相似的事物或现象时，通过比较观察，找出它们之间的异同，抓住它们的本质特征，以获得清晰的认识，这种方法在我们的学习中也是应用比较广泛的，例如有的同学在运用 $(a+b)^3 = a^3 + 3a^2b + 3ab^2 + b^3$ 和 $(a-b)^3 = a^3 - 3a^2b - 3ab^2 - b^3$

这两个公式时经常出错，特别是（a－b）3，但将两个公式放在一起比较时就会发现：（a－b）3 的展开式中带"－"号的项恰好是"b"的奇数次幂项。在其他各学科中运用比较法也同样可取得很好的效果。

### 3. 借助仪器观察法

在我们生活和学习的周围环境和宇宙空间中，有许多的事物是我们难以或不能直接用我们的身体器官观察得到的，或者由于人的感官在观察时在精度和速度等方面在本身存在的局限性，所以借助仪器进行观察是非常必要和必需的，由于显微镜的发明和使用，揭开了微生物世界物秘密空间，并创立了细胞学说；由于天文望远镜、人造卫星及宇宙飞船的应用，增强了人类对地球本身和宇宙空间的了解，开阔了人们的视野和探索空间。良好的观察效果，是建立在客观现实基础上的。观察的目的是为分析资料、抽象提供事实依据，所以观察一定要客观。在观察中，如果仅仅根据过去的经历、经验、知识而主观地加以反映，往往使观察得出错误的结论。

自近代实验科学兴起以来，形成了一个牢固的传统，即任何科学理论，都必须有实验的根据。这也反映出对客观性的高度重视。达·芬奇曾经说过："科学如果不是从实验中产生并以一种清晰实验结束，便是毫无用处的、充满谬误的，因为实验乃是确实性之母。"要做到确实性，首先就要注重客观性。观察，有时是科学观察，其目的就是为了认识和了解客观世界的本来面目，从而掌握客观世界运动发展的规律，为能动地改造世界提供理论依据。因此，观察务必要遵循客观性原则，力求获得真实、准确的观察结果。

## 4．自然观察法

对在自然状态下的观察对象进行观察。奇峰突起的山峦、碧波荡漾的湖泊、一望无际的草原、茫茫无边的大海、苍翠欲滴的松柏、婀娜多姿的垂柳、芳草萋萋的绿地、鸟雀鸣啼的林间……美丽的大自然是最好的乐园，它是一幅和谐的图画，充满着迷人的魅力。

大自然深邃神秘，令人莫测。它蕴含着丰富的知识，等待人们去探求，去获取。大自然犹如一座巨大的披着面纱的知识宫殿。它所储藏的知识涉及到天文学、动物学、植物学、矿物学、物理学、化学等科学领域，又同历史、地理、文学、美术、音乐等有着直接的联系，因此又完全可以把大自然称作一部百科全书。大自然也是世界上最好的老师。它以种种新奇的现象启发思考问题，吸引着人们探求知识，成为推动智力发展的重要因素。在大自然的激发下不断追求新知识，对大自然的认识越来越深刻，知识面越来越扩展，智力有益得到提高。

大自然空气新鲜，登山、涉水、远足、玩耍，身体的各个部分包括感觉器官得到充分的施展和锻炼。太阳光里有大量的紫外线，在它的照射下，可提高机体的造血机能，杀死附在皮肤上的细菌，减少疾病。太阳光里还有大量的红外线，在它照射下，人体血液畅流，对体温变化的适应能力得到提高。空气的温度、湿度和风速的变化及其对机体的综合利用而引起机体反射性的调节活动，能使皮肤迅速地改变充血性能，改善体温调节机能，从而提高机体对外界气候变化的适应能力。同时还能提高神经系统功能，增进食欲，减轻疲劳，促进新陈代谢，健康成长。

大自然永远是最好的老师，到大自然中去感受美、发现美吧，它将赋予你真正的"慧眼"。这是一种利用自然资料观察成果，得出深刻结论的观察方法。

春游时，对山峦河流、地形树貌、民俗风情、文物建筑、田园风光的观察，配合植物学和动物学的学习，在大自然或植物园、动物园中观察多种多样活生生的动物和植物，都是运用自然观察法。我国宋朝画家文同，擅长画竹。这主要得益于他坚持对竹子进行"自然观察"。他在居室窗外栽种一片竹林，朝夕观察揣摸，脑海中保留着鲜明生动的竹子形象，挥毫作画里总是"胸有成竹"。

## 5．分解观察法

就是把被观察对象的各种特征。各个方面或各个组成部分一一分解开来。认真进行观察。这样的观察，可以使我们对事物了解得更加精确。例如观察直圆柱：这个形体是什么形状？有几个底面，是什么形状？有几个侧面，展开是什么形状？两个底面之间相等吗？通过这样解剖观察后，就能把握直圆柱的主要特征：直圆柱的两个底是相等的圆，它的侧面展开是一个长方形。又如"赢"字，学生不易掌握其字形，但如果进行解剖观察，分解为"亡、口、月、贝、凡'"便容易得多了。

## 6．历史观察法

即按事物进行观察的方法，它以时间变化为特征。世界上的一切事物包含在一定的时间与空间关系之中。任何事物的发展变化都和一定的过程和时间顺序。习惯上，把短时间的变化称为过程性的发展变化。"积土成山，风雨兴焉；积水成渊，蛟龙生焉。"一个人如果积累了丰富的观察资料，进行学术研究便如鱼得水。观察积累的重要性由此可见一斑。

观察积累，就是指把观察到的现象和结果记录下来，养成积累观察资料的好习惯。它不但能通过对材料的系统化组织提高观察分析思考力，还能通过积累习惯的培养形成良好的观察自觉性，丰富想象和思维。对于那些稍纵即逝的新现象，及时记录是十分必要的。这种方法简单易行，能在不经意间帮助观察者积累很多珍贵的资料。很多科学的观察者都是这样做的。大文豪郭沫若就有这样的记录习惯，他曾在《跨着东海》中介绍说："我睡在床上，把一册抄本放在枕上。一有诗兴，立即拿着一支铅笔来记录，公然也就录成了一个集子。"

积累观察资料时，观察记录要及时、全面，间隔较长时间后的追记往往不够完全，很容易出现漏误。记录时要严格按照要求记录数字，切忌概念模糊，不清不楚。

历史观察积累法很适合气象观察和其他科学观察活动。在医学上也经常采用这样的观察法，如对某些人体疾病的检查，总是按照预定时间或按照选定的某点，按时进行观察等。观察积累法观察比较细致，对积累观察数据、揭示事物本质、探索事情渊源具有重要意义。

### 7. 移位观察法

就是观察者在不固定位置对客观事物进行的不固定的观察。其特点是观察处于活动变化的状态。这种观察可以是观察者的移位，也可以是观察对象的移位，其观察点在不断发生变化，是一种动态性观察，这种观察往往是有选择的，它的变化特点是以空间变化为标志。

### 8. 中心点观察法

中心点观察法贵在围绕"中心"坚持下去，获得对事物的完整印象和深入了解。例如，观察花籽发芽出苗的这一过程，围绕其怎样发芽这一中心，能设计出一系列的观察活动，如，什么时间种子长出根？根的形状、大小是怎样的？什么时候长出叶子？叶子的颜色怎么样？每天需要浇多少水？等等。

一个观察力准确性较高的人，既能把握事物的整体，又能敏感地观察到事物的细节。这一能力需要观察者具有较广泛的视觉范围，又有较高的视觉敏感度。为此，可进行边缘视觉法训练。

在人的视敏度很高的中央视觉区外缘，还有一块很大的，相对来说尚未被充分利用的视觉区域，叫做边缘视觉。人的视网膜上，只有一小部分处于敏感的中央区，其余则都在边缘视觉地带。边缘视觉训练，就是先保持固定的目光聚焦，凝视正前方，同时又用眼观望四周，但不是以头的扭动或转向而带动目光去看，而是用眼睛的余光去看。

边缘视觉能使观察者对自己感兴趣的事物特别敏感，而且也善于捕捉他人易忽视的细节或事物的某些特征。比如，从杂乱无章的复杂环境中选认出自己所要找的事物，靠的就是边缘视觉。一个边缘视觉良好、观察敏感度高，又对汽车有浓厚兴趣的人能对身边一驰而过的汽车，准确地说出车名、车型及车的显著特征。

不同的观察目的对观察的全面性和准确性有着不一样的要求，因此，中心点观察法和边缘视觉训练不但不会产生冲突，反而能相互促进。观察时，我们要注意既看清事物整体，又要把视觉敏感的中央区对准需要进行细致观察的部分，从而达到既眼观六路耳听八方，又抓住关键和要害、一目中的的神奇效果。

## 9. 全面观察法

就是对某一事物的各个方面都进行观察，求得对该事物全面了解。对任何事物的观察都不是一次完成的，需要耐心地、细致地、一次次地反复进行。观察的次数越多，就越能够把握住事物的本质，区别出假象和真相、偶然与必然。对研究对象进行的观察越周密、越系统、越全面，观察效果也越好。

成功运用周密系统的观察方法，要靠注意力的长期稳定来实现，而注意力所指向的并不仅仅是观察活动这一事件本身，更多的是所观察对象变化发展的规律。这就需要观察者在不同时间、不同条件下对同一事物进行反复地追踪观察，以了解事物的发展变化过程，掌握规律，而对类似情况做出准确分析和判断。比如，用一年甚至数年的时间观察月亮阴晴圆缺的情况，用数年的时间观察某一物种的成长规律。

运用全面系统法进行观察，不是囫囵吞枣，而是运用大脑，经过筛选、比较、分析，从而得出符合规律的客观认识。

## 10. 定序观察法

就是在某一特定时间内对某事物或现象进行观察。人们往往把要做的事，看得太高，其实只需从最简单的工作入手，一步步地前进，便能成功。观察要得法，首先就得学会以有计划、有次序的顺序查看，从不同角度、不同顺序上去观察同一事物或用同一顺序观察不同事物，从而把握观察对象的整体和实质。

观察顺序可以是被观察事物的不同空间顺序，如从上到下、从左到右、从东到西，从近及远等；也可以是被观察事物的不同结构组成部分的次序，如从头到尾、由表及里、从整体到部分再到整体。用不同次序观察不同类事物，往往采用从整体到部分，再从部分到整体的顺序分析法。如，观察街景、公园、山色等自然景象，多采用由近及远或由远及近的方位顺序法；而观察某一事件，则必须按照开头（起因）——中间（经过）——结果的时间发展顺序；在观察"人体骨骼结构"的骨制标本时，可按头骨、躯干骨、四肢骨的结构顺序进行整体性的观察。

有些事物的发生发展及现象的变化，随着时间愈演愈烈或随着时间的流逝而逐渐消失。这时最好运用时间顺序法来进行观察。例如，观察菜豆种子的萌发过程、草履虫无性生殖现象等。观察时应两者兼顾，不能顾此失彼。在观察一些化学核物理实验时，经常需要运用顺序转换法。

所以，观察不同的事物，可以从不同的时间顺序或结构次序入手，认识事物的角度也不同，获取的信息当然会有所不同。

## 11．重点观察法

就是按照某种特殊目的和要求对事物的某一点或几个方面做重点观察。指向明确，观察全面。世界上的事物丰富多彩，又以各自不同的面目纷繁呈现在世人面前。

人们在观察事物的时候没有必要也不可能面面俱到，而应该分清主次，从复杂的现象中抓住本质。比如，在相马的过程中，相马者最关心的应该是马的奔跑速度、耐力是否突出，而其毛色、公母这些仅仅是表面的现象。虽然往往最先能引起人们的注意的，却属于次要的因素，并不是千里马的决定因素。九方皋正是抓住了千里马的本质特征忽视次要因素，才成为了远近闻名的相马的高手。

在认识事物的过程中，我们要注意去粗取精，抓住表现事物本质特征的主要矛盾来认识事物。若只停留在表面，往往容易拘泥于形式，无法发现事物的本质。这是认识事物的基本原则之一，也是我们在观察活动中要注意的。

观察力具有明确的指向性，这就使得各种观察活动能遵循既定的目标向前发展，能自始至终。比如，明确观察目的及对象——合理安排观察顺序——把观察结果同研究的问题结合思考——考虑每个观察步骤是否达到目的等等。

指向明确、计划清晰，非常有利于在观察时既见森林，又见树木，而不是偏重于某一方面而忽略了另一方面，而这正是全面观察的基本原则。

## 12. 直接观察法

直接观察一般指人们通过自己的感觉器官对客体的直接感知过程。

直接观察往往跟自发观察紧密联系，没有中间环节，可信度比较大，有利于发现问题。但人们用肉眼或其他感觉器官感知事物的灵敏度和范围都非常有限。人眼能勉强分辨 15 厘米远、0.1 毫米的东西，分辨更小的东西就很困难，更不可能像老鹰那样从几千米的高空看到陆地上的猎物。这是一种观察者深入实际，亲自动手做实验取得第一手资料或直接经验的观察方法。

## 13. 间接观察法

间接观察一般指人们借助观察仪器间接获得对客体的信息的感知过程。间接观察往往和自觉观察相联系，可以运用科学方法如调查、实验等，还可以运用工具如哈勃望远镜、隧道扫描显微镜、超声波、核磁共振等。使用不同的方法和设备延伸人类的感觉器官，是一种非常重要的观察手段，更有利于解决问题，但它很可能造成错误观察，甚至是没有观察。

直接观察和间接观察各有利弊，二者缺一不可。只有根据不同的情况。选用不同的方式，才能保证观察结果是正确的、科学的。

## 14. 对比观察法

把两个以上的事物有比较地对照进行观察。所谓个体差异法，就是在对同类事物进行观察时，抓住其个体特征。

例如，同样是军官，同样是被逼上梁山，而林冲和杨志却是截然不同的两种心态和两种性格，这就是他们的个体差异。

在实际观察中，我们面对的更多是一个个体，这一个体除了具有同类事物的类别特征外，更重要的是具有其个体特征。因而，要使观察进一步深入、细致、具体事物具体分析，必须抓住事物的个体差异。同类观察法在说明文中的应用比较多。这里的同类不是严格意义上的"同类"，只要他们有一定的共性即可。《海燕》分类观察的依据显然是观察对象的特征。

需要注意的是，分类时必须按自然的次序来区分，不能生硬地分割。分类的标准一般取决于观察对象的自身，但必须有一定的科学依据。事物分成类别后，应注意各类事物的特征，注意寻找自己重视的该类事物与相关事物的共性方面，也要注意寻找该类事物区别于其他事物的个性的方面。

完成分类之后，要认真观察和研究观察对象，找出同类事物之间的异同异类观察法与同类观察法是相对应的，都属于分类观察的范畴。异类观察就是将两种差异较大的事物分头观察，然后加以巧妙的组合。

异类观察法同样要注意分类时的选择，虽然异类观察法观察的事物间的差异较大，但并不是说随意搭配，任意选择。选择的事物之间，要能自然巧妙地产生某种联系，而不是胡乱搭配。

## 15.　摒除先知法

"无稽之言勿信"。没有经过实践验证的空谈不足为信，离开实践的道理是空洞无用的。不轻信，不盲从，在实践中观察事物、认识事物，才是科学的态度。在人类所要观察和认识的事物中，最复杂最难认识的当属人类自己。观察的主体是人，人的思想情感必然会影响观察的对象、过程和结果。头脑中固有的偏见，常常使人们局限于已有的知识和经验，做出偏颇甚至错误的判断。摒弃偏见，需要用谦虚、诚实的美德来净化我们的双眼和心灵，在观察活动中保持客观、清醒的态度，尊重事实，才能得到深入本质的认识。我们很容易犯片面性的错误，更容易被人为制造的假象所迷惑。

人们在观察和认识事物时，要对其进行长期、全面的综合考察，而不能被一时一瞬的假象所迷惑。事物是不断变化的，往往需要不断地去伪存真，由表及里地进行观察，才能观察和认识到事物的本质。

另外，还有长期观察法、隐蔽观察法、时序观察法、综合观察法、多角度观察法和追踪观察法等等。在这里就不多说了。总之，要提高观察能力，既要养成良好的观察习惯，又必须掌握科学的观察方法。

# （五）观察力培养原则

## 1.　深思立意——计划优先

良好的观察能力首先要具备一定的目的性和计划性，凡事预则立，不预则废。观察活动有内容繁简、范围大小、时间长短的分别，但都需要有计划地进行。观察有计划，是指在观察活动开始之前，预先定好观察的目的和步骤。英国剑桥大学动物病理学教授贝弗里奇说："培养那种以积极探究态度注视事物的习惯有助于观察力的发展。在研究工作中养成良好的观察习惯比拥有大量学术知识更为重要。"在观察事物之前，明确观察的目的，根据这个目的制定观察计划，然后一步步地按系统进行，这样才能保证不致遗漏有用的材料。

针对同一对象，不同的观察者基于不同的立足点，选择的观察角度和计划也不一样。做到有的放矢，这样才能把观察的注意力集中到事物的主要方面，以抓住其本质特征。目的性是观察力的最显著的特点，有目的观察才会对自己的观察提出要求，获得一定深度和广度的锻炼。反之如果东张西望，左顾右盼，对事物熟视无睹，你的观察力就得不到锻炼。例如，你想要办一个新的商店，需要从别的商店获得一些商品陈列的经验，此时，你去观察一定带着目的性。只有带着目的性的观察才是有效的观察，才能尽快提高自己的观察力。

## 2. 制订观察计划

在观察前，对观察的内容做出安排，制订周密的计划。如果在观察时毫无计划，漫无条理，那就不会有什么收获。

因此，我们进行观察前就要打算好，先观察什么，后观察什么，按部就班，系统进行。观察的计划，可以写成书面的，也可以记在脑子里。古诗云"横看成岭侧成峰"，从不同角度观察事物，会获得不同的信息和感受。因此观察事物必须掌握不同的方法。观察时要按照计划有步骤地进行，先观察什么、后观察什么以及观察的重点都是事先要明确的。否则，很容易陷于杂乱无章的境地，无法获得完整、准确的认识。传说，古希腊大哲学家亚里士多德曾经让他的一个学生观察鱼的特征，这个学生胡乱看了一阵，结果什么特异的迹象也没有发现。后来，亚里士多德启发他观察要有顺序、有系统，这个学生才终于发现鱼是没有眼皮的。这就充分说明了，观察时要讲究顺序和步骤，不要东看一点儿、西看一点儿。

### 3. 培养浓厚的观察兴趣

每个人由于观察敏锐性的差异，在同一件事物的观察上出现不同的兴趣，注意到不同事物或同一事物的不同特点。因此，培养浓厚的观察兴趣是培养观察能力的重要前提条件。为了锻炼观察能力，必须培养每个人广泛的兴趣，这样才能促使人们津津有味地进行多样观察。同时，还要有中心兴趣。有了中心兴趣，就会全神贯注地对某一领域进行深入的观察。观察力强的人在观察事物时能对具体的情况进行具体的分析，不生搬硬套，并能迅速而准确地认识到事物的特征。

比如，善于联想与想象，即把已经获得的知识同正在探索的问题迅速而准确地联系起来进行思考。任何一个观察活动，其实质就是一种创造性的智力活动。由于它的复杂性，这种活动很难用一个固定的观察方法加以模式化。只有经常联想，才能打开思维的翅膀，飞得高，飞得远。正如爱因斯坦所说："想象比知识更重要，因为知识是有限的，而想象力概括着世间的一切。"

## 4. 观察现象，探寻本质

人的感觉经常会产生误差。比如，将一只脚放在冷水中，一只脚放在热水中，然后同时再放入热水中，这时候，前一只脚会感觉比另一只脚热得多。这是因为前后的"对比"造成了感觉的不准确性。观察时一定要开动脑筋，看看现象背后是否隐藏着自己没有认识到的东西。跟着感觉走，往往会让人们的观察走向歧路。只有透过现象看本质，掌握事物的本质规律，才能掌握可靠的知识，使自己的观察能力和认识水平不断得到提高。

观察力是思维的触角，要培养同学们的观察力，就要善于把观察的任务具体化，善于引导他们从现象乃至隐蔽的细节中探索事物的本质。

## 5. 培养方法，掌握经验

大多数同学缺乏生活经验和独立、系统的观察能力，在观察事物时，往往抓不住事物的本质，或者看得粗心、笼统，甚至观察的顺序杂乱无章。

知识经验和良好的观察是辩证统一、互为因果的。一方面，良好的观察力是我们获得丰富知识和经验的前提条件；另一方面，丰富的知识和经验又是我们提高观察力的重要因素。一个人的观察总是与自己已有的知识经验联系在一起的。因此，在观察过程中，我们必须充分利用自己已有的知识和经验，这不仅有利于观察的顺利进行，同时也有利于观察力的不断提高。

## 6. 遵循感知的客观规律

观察和观察力是在感知过程中提高的。因为，为了培养观察力，就必须遵循感知的一些规律。也就是说感知的一些规律也成为观察的基本规律。观察事物是为了认识事物，感知是认识的第一步。而感知是有规律的，应该遵循规律去进行观察。

观察的对象必须达到一定的强度，才能观察得清晰、准确。因此，在观察前，对有可能提高强度的事物应采取措施提高其强度的措施和方法。如，观察人的肌肉，绷紧时看得最清楚；观察蒸汽的特点，水壶里的水要满到一定程度，效果才好。

被观察的对象与背景反差越大，观察效果越好。因此，要设法增加观察对象与背景之间的差异。如，观察一种昆虫的形态、颜色，把它放在反差大的纸上，效果就会好。运动中的对象容易吸引人的注意，运动中的情况与静止状态有所不同。因此，观察某些事物，既观察静止的情况，又要看活动中的情况。如，观察一个人，就应将静止状态与活动状态结合起来观察。把有关联的事物组合起来观察，既能把握整体情况，又能把握具体情况。

## （六） 观察力的定律

## 1. 强度律

对被感知的事物，必须达到一定的强度，才能感知得清晰。一般人对雷鸣电闪是容易感知的，因为它的感知强度很高，而对于昆虫的活动，如对蚂蚁行走的声音就难以觉察。因此，在实践中，要适当地提高感知对象的强度，并要注意那些强度很弱的对象。

### 2. 差异律

这是针对感知对象与它的背景的差异而言的。凡是观察对象与背景的差别越大，对象就被感知得越清晰；相反，凡是对象与背景的差别越小，对象就被感知得越不清晰。例如万绿丛中一点红，这点红就很容易被感知。鹤立鸡群，也是属于这类情形。但是在白幕上印白字，则几乎无法辨认。

### 3. 对比律

凡是两个显著不同甚至互相对立的事物，就容易被清楚地感知。因此，在观察中要善于用对比的方法，把具有对比意义的材料放在一起，甚至还可以制造对比环境。例如观察的高矮对比，色彩对比。

### 4. 活动律

活动的物体比静止的物体容易感知。魔术师用一只手做明显的动作吸引观众的注意力，而另一只手却在耍手法以达到魔术目的。所以，在观察中要善于利用活动规律，达到观察目的。

## 5. 组合律

心理学的研究告诉我们，凡是空间上接近、时间上连续、形式上相同、颜色上一致的观察对象容易形成整体而为我们清晰地感知。因此，在实际观察中，要把零散的材料或事物，按空间接近、时间连续、形式相同或颜色一致的形式组合起来进行观察，从而找出各自的特点。例如在一堆乱物件中选大小相差不远，颜色相近的若干件，排列起来比较，就可看出彼此的差异。

组合律，要求在观察中根据事物的特点进行适当的组合、编排，形成系统，分门别类。

## 6. 协同律

指在观察过程中，有效地发动各种感知器官，分工合作，协同活动，这样可以提高观察的效果。也指同时运用强度、差异、对比等规律去观察对象。17 世纪捷克著名教育家夸美纽斯就曾要求人们尽可能地运用视、听、味、嗅、触等感官进行感知。我们学习要做到"五到"，就是眼到、耳到、口到、手到和心到，目的是要通过多种感知的渠道，提高观察的效力。

## 7. 养成持久的观察习惯

贝弗里奇说："培养那种以积极的探究态度关注事物的习惯，有助于观察力的发展。在研究工作中养成良好的观察习惯比拥有大量的学术知识更重要，这种说法并不过分。"一个人有了持久的观察习惯，他能克服观察过程中所遇到的各种障碍和困难，把观察进行到底。而观察力就正是在这种"锲而不舍"的过程中得到锻炼和提高。

## （七） 洞若观火职业性格特征

1. 潜意识动作。观察不寻常的动作当人在紧张或是有压力时，常会不自觉做出某些动作：

（1）触摸或按摩颈部：另外，按摩额头或是摸耳垂，也都是一般人紧张时会出现的动作。而如果男生拉着领带，或是女生玩弄颈上的项链，也代表同样的意思。

（2）深呼吸或是话变多：当你看到对方深呼吸，就知道他可能在压抑情绪。或是在过程中对方不太爱说话，却突然话多起来，也代表他的情绪开始变得不稳定。

（3）用手放在大腿上：紧张时我们会不自觉地双手放在大腿上来回摩擦，试图平缓自己的情绪。

## 2. 从肢体语言看出对方个性

常见的习惯动作反映了特定的个性与行为模式：

（1）喜欢眨眼：这种人心胸狭隘，不太能够信任。如果和这种人进行交涉或有事请托时，最好直截了当地说明。

（2）习惯盯着别人看：代表警戒心很强，不容易表露内心情感，所以面对他们，避免出现过度热情或是开玩笑的言语。

（3）喜欢提高音量说话：多半是自我主义者，对自己很有自信，如果你认为自己不适合奉承别人，最好和这种人划清界线。

（4）穿着不拘小节：也代表个性随和，而且面对人情压力时容易屈服，所以有事情找他们商量时，最好是套交情，远比透过公事上的关系要来得有效。

（5）一坐下就跷脚：这种人充满企图心与自信，而且有行动力，下定决心后会立刻行动。

（6）边说话边摸下巴：通常个性谨慎，警戒心也强。

（7）将两手环抱在胸前：做事非常谨慎，行动力强，坚持己见。

## 3. 职业特征

（1）教师，文质彬彬、衣着整齐，不大声说话。

（2）警察，面貌严肃，不得争辩。

（3）医生，和颜悦色，细心倾听，不急不缓，说话和气。

（4）军人，干脆利索，果断迅速，来去匆匆，说话做事很干脆。

（5）农民，勤劳朴实，自由随性，言语通俗易懂。

（6）工人，做事认真，有纪律观念，朋友气氛很浓厚。等等……

### 4．多搜寻其他周边线索

不过，外表只是线索之一，你还可以从其他不同的来源，搜寻关于对方的重要信息。

你可以从笔迹下手：字迹潦草而写字速度很快的人，工作速度也很快，但是通常比较马虎粗糙；写字谨慎而慢的人，工作时会边确认边进行，非常仔细。

此外，手机吊饰也是很好的线索。吊饰复杂的人，通常朋友很多，属于怕寂寞、喜欢热闹的类型。没有配戴手机吊饰，即使有也是式样简单的人，不大喜欢一群人在一起吵吵嚷嚷，只与少数能真正交心的人长久交往。

只要平时多与人互动、多观察，你也能拥有惊人的阅人能力。

## （八）阅读方法事半功倍

### 1．静视——一目了然

（1）细致观察。在房间里或屋外找一样东西，比如表、自来水笔、台灯、一张椅子或一棵花草，距离约 60 厘米，平视前方，自然眨眼，集中注意力注视这一件物体。默数 60 ~ 90 下，即 1 ~ 1. 5 分钟，在默数的同时，要专心致志地仔细观察。闭上眼睛，努力在脑海中勾勒出该物体的形象，应尽可能地加以详细描述，最好用文字将其特征描述出来。然后重复细看一遍,如果有错,加以补充。

(2)熟练后,逐渐转到更复杂的物体上,观察周围事物的特征,然后闭眼回想。重复几次,直到每个细节都看到。可以观察地平线、衣服的颜色、植物的形状、人们的姿势和动作、天空阴云的形状和颜色等。观察的要点是,不断改变目光的焦点,尽可能多地记住完整物体不同部分的特征,记得越多越好。在每一分析练习之后,闭上眼睛,用心灵的眼睛全面地观察,然后睁开眼睛,对照实物,校正你心灵的印象,然后再闭再睁,直到完全相同为止。还可以在某一环境中关注一种形状或颜色,试着在周围其他地方找到它。

(3)然后再去观察名画。必须把自己的描述与原物加以对照,力求做到描写精微、细致。在用名画作练习时,应通过形象思维激发自己的感情,由感受产生兴致,由兴致上升到心情。这样,不仅可以改善观察力、注意力,而且可以提高记忆力和创造力。因为在你制作全新的内心的形象的过程中,你吸收使用了大量清晰的视觉信息,并且把它储藏在你的大脑中。

## 2. 行视——边走边看

以中等速度穿过你的房间、教室、办公室,或者绕着房间走一圈,迅速留意尽可能多的物体。回想,把你所看到的尽可能详细地说出来,最好写出来,然后对照补充。在日常生活中,眼睛像闪电一样看。可以在眨眼的功夫,即0.1~0.4秒之间,去看眼前的物品,然后回想其种类和位置;看马路上疾驶的汽车牌号,然后回想其字母、号码;看一张陌生的面孔,然后回想其特征;看路边的树、楼，然后回想其棵数、层数；看广告牌，然后回想其画面和文字。所谓"心明眼亮"，这样不仅可以有效锻炼视觉的灵敏度，锻炼视觉和大脑在瞬间强烈的注意力，而且可以使你从内到外变得更加聪慧。

## 3. 抛视——天女散花

取25块到30块大小适中的彩色圆球，或积木、跳棋子，其中红色、黄色、白色或其他颜色的各占三分之一。将它们完全混合在一起，放在盆里。用两手迅速抓起两把，然后放手，让它们同时从手中滚落到沙发上，或床上、桌面上、地上。当它们全部落下后，迅速看一眼这些落下的物体，然后转过身去，将每种颜色的数目凭记忆而不是猜测写下来。检查是否正确。重复这一练习10天，在第10天看看你的进步。

## 4. 速视——疏而不漏

取50张7厘米见方的纸片，每一张纸片上面都写上一个汉字或字母，字迹应清晰、工整，将有字的一面朝下。也可用扑克牌。取出10张，闭着眼使它们面朝上，尽量分散放在桌面上。现在睁眼，用极短的时间仔细看它们一眼。然后转过身，凭着你的记忆把所看到的字写下来。紧接着，用另10张纸片重复这一练习。每天这样练习三次，重复10天。在第10天注意一下你取得了多大进步。

## 5. 统视——尽收眼底

睁大你的眼睛，但不要过分以至于让你觉得不适。注意力完全集中，注视正前方，观察你视野中的所有物体，但眼珠不可以有一点的转动。坚持 10 秒钟后，回想所看到的东西，凭借你的记忆，将所能想起来的物体的名字写下来，不要凭借你已有的信息和猜测来作记录。重复 10 天，每天变换观察的位置和视野。在第 10 天看看你的进步。数秒数的过程一般会比所设想的慢。你可以在练习前先调整一下你数数的速度。一边数一边看着手表的秒针走动，1 秒数 1 下，在 1 分钟结束的时候刚好数出 "60"，也可以 1 秒数 2 ~ 3 下。

## （九）观察力强的人的必备素质

人要认识世界必先要观察世界。观察力就是人在这种感知世界的活动中表现出来的一种能力。人们之间的观察力是有差异的，主要表现在如下三个方面。第一，注意力是否集中。智能超常的人，在观察时，注意力高度集中，不为外界所干扰，甚至达到废寝忘食的忘我境界。而智能低常的人在观察时，精力不集中，心猿意马，见异思迁，总是不能进入角色。第二，敏锐性如何。观察力敏锐的人在观察时能在一般人看不出问题的地方看也出问题，能注意收集细节，能善于捕捉机遇。第三，准确性如何。人在观察时，常常因受到生理、情绪、偏好、知识等方面制约，产生错觉。智能超常的人在观察时，总是力求做到全面具体，力求做到随机抽样、反复核对，以排除错觉，提高观察的准确性。

## 1. 观察要具备明确的目的

目的性是观察成功的前提，而观察的目的就是要有明确的对象、要求、步骤和方法。有了明确的目的，就不致于在观察时盲目行事或被其它与目的无关的现象干扰，知觉事物，注意力就能集中地指向有关的事物，知觉就会清晰、完整。如果观察的目的不明确，观察就如"走马观花"，效果自然大打折扣。明确观察目的，一是在心里树立观察的意识，认清观察对于发展自身智能的好处；二是在观察任何事物时，都要有明确的目的，即观察什么，为什么观察。

比如，在家里或外出，可以随时确定一种观察对象，进行有目的的观察。再比如，观察一件工艺品的形态、颜色、特点、制作水平；观察做饭、做菜的全过程；观察山水、树木、花草；观察一座建筑……为了提高观察效果，还可以边观察边用语言描述。如果是跟其他的人在一起，还可以互相评议，看看观察得是否仔细，描述得是否逼真。我国宋代科学家沈括在游历各地时，总是留心观察当地的地质地貌等特点，有一次他经过太行山边时，看到许多蚌壳、海螺以及鹅卵石等，从而提出了华北平原是冲积平原的学说，并建立了海陆变迁理论。太行山曾有多少人路过，但其他人都没有注意到这些不寻常的现象，就是因为途径太行山的人没有这种明确的目的。

## 2. 观察时要有思维参与

在观察时思维必须同步进行，如果忽视了观察时的思考，那么观察到的材料再多也只是笼统的、模糊的、杂乱的、僵化的，这样既难以抓住事物的本质特征，更不可能得出科学的论断。如哈雷彗星的发现，我们的祖先早在公元前613年就对它进行了观察，并有了记录，但可惜的是他们只是观察到了这一现象，而没有积极思考它而痛失这一重大发现，直到17世纪才被英国天文学家哈雷真正发现。我们现在的学习也是一样的，只有在观察过程中善于思索，观察才能进一步深入，学习才能得到真正的进步。

## 3. 设法让更多的感觉器官参与观察

观察任何事物都需要人的不同感官的协同配合才能收到好的效果。在观察活动中，视觉无疑是很重要的，眼睛并不是唯一的感觉器官。我们在认识和观察事物时，应该调动身体的各种感官。比如，一种水果，除了用眼睛观察其外部形状、颜色、纹理，用手摸摸它的表面，切开来看看里面的样子和果肉的质感等。尝尝它的味道，从各方面获取，来认知事物，从而加深印象。

（1）忌漫无目标。许多人在观察事物时，东张西望，漫无目标，他们观察过的事物如过眼烟云，脑子里没有留下丝毫印象，因而总形不成观点。

（2）忌片面观察。有的人观察事物，只注意它的正面，不注意它的反面；只观察表面，不观察内部；只注意现在，不注意过去；只去注意事物的一个方面而忽视其他方面。由于这种片面观察，他们所观察到的往往是一些假象，因而得出了错误的结论。中国古代兵书上有疑兵计和兵不厌诈的谋略，就是故意利用一些手段混淆敌人的视听，破坏他们的观察能力，引导他们做出错误的判断。比如《三国演义》中"张飞独断当阳桥"的故事。曹操看见张飞雄赳赳，横枪立马在桥头之上，又看见张飞身后的树林背后尘埃蔽日，似乎埋伏有大队人马。他又想起关羽曾经告诉他的话："吾弟张翼德于万马军中取上将首级如探囊取物耳。"这时张飞连吼三声，声如巨雷，势如猛虎，曹操立即转身逃走，退兵 30 里。曹操这时犯的就是片面观察的错误。

（3）忌无重点。有人虽然去观察事物却不突出重点。一古脑儿地观察，把所有现象都收留，囫囵吞枣，结果抓不住重点，浪费时间，观察结果不理想。

（4）忌走马观花。有人观察事物，不深入、不细致，只是粗略地浏览一下。这样既得不到具体印象，又遗漏许多细节，使观察结果一般化。

（5）忌不用心思。有人在观察中，不用心去分析、去比较，也不思考事物的来龙去脉，因而也得不到令人信服的结论。中学生因为兴趣广泛，性情活泼，最容易在观察中出现这样的错误，他们往往凭借一时的好奇心，不做更深入的探求。

观察力无处不在。人们通过各种感官观察到天空日月星辰的分布、山川草木及湖泊海洋的变化，观察到飞禽走兽和雷电风雨的发生，观察到社会生活中五彩缤纷的现象与各种各样的变化，通过电子显微镜观察到病毒的形态和活动……

哪里有观察活动，哪里就有观察力。人们观察事物或现象，主要是观察这个事物或现象的特征。要将这些特征观察得仔细、准确，就必须具有一种能全面、正确、深入地认识事物特征的能力。这种能力就是观察力。

综上所述，我们认为，观察力就是指人在感知活动过程中通过眼、耳、鼻、舌、身等感觉器官准确、全面、深入地感知客观事物特征的能力。作为一种特殊形式的感知能力，观察力是人类认识能力的重要组成部分。人类对事物的认识程度、水平，与这种能力的强弱有很大的关系。

人们常常赞美那些观察力发达的人"心明眼亮"，这里的"眼亮"并不是说一个人的视力多么好，而是说他观察细致准确、思维判断敏捷。从这个角度上来看，观察力是一种感觉与思维高度协调的能力，也是一种智力。

应该注意的是，观察力是人在观察活动中表现出来的智力，而观察则是人的一种认识活动。在观察活动中，不仅有观察力参与，而且还有人的思维能力参与，甚至还伴随着人的想象力。贝弗里奇指出："必须懂得所谓观察不仅止于看见事物，还包括思维过程在内。一切观察都含有两个因素：感官知觉因素（通常是视觉）、思维要素。"这里所说的感觉知觉因素，就相当于观察力。所以，观察力≠观察。

敏锐的洞察力，应该耳听八方，眼观四海。人非生而知之者，更多的是从生活中去获取自身境界的升华。这就需要敏锐的洞察力了也就是收集信息。用眼睛去观察外界的事物，然后把看到的信息按照自身的理解变成一种信号传递到脑子里，而自己理解力的多少也注定了你对现象的一种感知能力。有人欢喜有人愁，人生百态都可以用眼睛看到，但观察力并不只是观察而已，洞察力不是观察。例如：有个人笑的好开心。主要有以下几种情况：1. 可能是实现了她努力好久的目标，欣喜不已。2. 只是可以装出来的，掩饰心中的真实想法。3. 比较会尊重身边的人，对外界做出一种反应，让朋友感到跟她交谈很愉快。4. 可能有心计，笑里藏刀等等。有多少种可能性取决你有多少想法，而要确定是哪种情况，就只能靠自己去洞察那些细节性的东西。比如是不是不自然，手是不是放得不自然，眼神是否飘忽迷离，有没有逃避你的眼神等等。这些东西都需要敏锐的洞察力去发掘。一旦找到突破口所在，其原形将会毕露，无所遁形。

不可否认，人总是有劣根性的。一旦涉及到利益，那么就算是感情再好的朋友也有可能翻脸。谁又能真的做到大公无私呢？更多的只能是理智大于欲望而已。当然啦，劣根性对于一个人来说也是正常的，比如冬天赖床，别人伤害自己想要回击等等。如何去看待这么一种东西，取决于自身。

有了敏锐的洞察力，可以窥探事物运行表面后所隐藏的东西，也就是可以很清晰透彻的看到事物的本质以及背后支撑其运行的法则。而回归原始而其本质的东西。这就不举例子了。

人生需要洞察力，能看透是是非非，不畏浮云遮望眼，总能看到最真实的事物，不会太随波逐流。在物欲横流的社会中，总能保持住最真的自己。真理来自生活，只有在生活中观察，思考，才能提升自己的洞察力。看透人生的风景，总能回归到最开始的起点，找到那真正的风景。用心去看，用敏锐的洞察力去扫描你面前的事物，为自己收集到本质的信息，看清其表面现象背后的真实。是是非非真真假假分辨清楚，一切都靠敏锐的洞察力去破除那些虚假的海市蜃楼。

　　总而言之，只有提高了学生的观察能力，他们才不会对事物视而不见，人云亦云，处理起事情来才会得心应手，学习起来劲头十足。唯有观察，才能激发学生的学习激情，才能充满真情，充满勇气。世界是多彩的，发现美的眼睛里世界更应是多彩的！

# 第三章　记忆力

## （一）记忆力概述

　　记忆是人脑对过去经验的保持和提取。凡是人们感知过的事物、思考过的问题、体验过的情感以及操作过的动作，都可以以映像的形式保留在人的头脑中，在必要的时候又可以把它们重现出来，这个过程就是记忆。

　　记忆与感知觉不同，感知觉反映的是当前作用于感官的事物，离开当前的客观事物，感知觉就不复存在；记忆总是指向过去，是在感知发生后出现的，是人脑对过去经历过的事物的反映。

　　记忆包括"记"和"忆"两个方面：记，体现在识记和保持上；记忆实际是通过识记、保持、再认或回忆等方式，在人们头脑中积累和保存个体经验的心理过程。记忆由 3 个环节构成：识记是第一个环节，它是记忆的开端，是主体获得知识和经验的过程；保持是第二个环节，是已获得的知识经验在头脑中储存和巩固的过程；再认知回忆是第三个环节，是从头脑中提取知识和经验的过程。已储存的知识一时不能提取出来，但当它重新出现时，能加以确认，这个过程称之为再认。既不能再认又不能回忆的现象是遗忘，它是保持的对立面。记忆的三个环节相互影响、相互依存，有着密切的联系。识记是保持和回忆的前提，欲忆必先记；识记的内容只有在头脑中保持并巩固了，日后才能回忆起来；回忆是对识记和保持的检验，通过回忆又能加强促进识记内容的巩固。

从信息加工的观点看，记忆就是人脑对外界输入的信息进行编码、储存和提取的过程。怎样衡量一个人的记忆力，或者说培养记忆力的目标何在呢？一般说来，有如下四个指标：

一是记忆的速度。同一篇课文，同一个化学分子式、物理公式、英语词汇，有人一目十行，过目不忘；有的人即便是反复念读，还是难以记住。在一定的时间内能记住事物的数量，就是记忆的速度。不同的人对同一件事的记忆速度有很大差别；即使同一个人，对不同的事物记忆速度也不一样。

二是记忆的广度。对于某种印象在一次呈现以后能够完全正确地再现多少这一指标，叫记忆的广度，或者称之为记忆的完整程度。

三是记忆的准确度。即对所记忆的对象的再现准确程度。记忆力好的人，对其所记忆的对象的再现准确性较高；而记忆力欠佳的人，对所记忆对象的再现只能呈现"大概"状态，缺乏系统性、准确性。

四是记忆的持久度。即记忆能保持的时间长度。一般说来，长时记忆是对短时记忆的多次重复而成。当然，也有印象特别深刻而一次形成的。不过，一个人如能对别人都容易忘却的事物而保持长久的记忆，则可以在一定程度上表明此人的记忆能力较好。

一般说来，好的记忆力应该是这四项指标兼而有之。大量的观察和统计表明，一个具有优秀思维智能结构的人，必然具有非常好的记忆力，他的四个记忆指标通常都比较高。应该注意的是，在记忆过程中，记忆的内容、记忆的方法、记忆的注意力、记忆内容之间和记忆时间分配，对于记忆的广度、速度、持久度、准确度都有重要影响。

## （二）记忆力分类

### 1. 方式

记忆，按方式可分为概念记忆和行为记忆。

**概念记忆**

所谓的**概念记忆**，就是对某一事物的回忆。如，科技是第一生产力，大象的体重很重，等。这些只是**概念**上的回忆。

行为记忆

所谓的行为记忆，就是对某一行为、动作、做法或技能等的回忆。这种记忆极少会忘记，因为都涉及具体行动的。如，踩单车、游泳、写字或打球等。关于这些的记忆，或许很久不用的话会生疏，但极少会遗忘。

据说，人的大脑的记忆能力，相当于1500亿台电脑（平均每台存储80G）的存储量。觉得记东西难，可能只是困、累，或精神不佳。

人们在在漫长的社会生活与学习中需要记忆来学习和工作，但人的记忆却因人的个体差异不同其记忆的好坏也不同。根据学术界上对记忆的一般性结论，人的记忆力的好坏有很大差距，这种差距通过人的记忆分类我们就更容易看清。

## 2. 持续时间

对记忆最基本的、也是被广泛接受的分类，是根据记忆持续的时间将其分为三种不同的类型：感觉记忆、短时记忆和长时记忆。

（1）短期记忆

短期记忆模型在过去 25 年里面为" 工作记忆" 所取代，有三个系统组成：空间视觉形成的短期视觉印象。声音回路储存声音信息，这可以通过内在不断重复长时间存在。短时记忆又称操作记忆或工作记忆。是指信息一次呈现后，保持时间在 1 分钟之内的记忆。就其功能来说，短时记忆与感觉记忆不同：感觉记忆中的信息是不被意识并且也是未被加工的；而短时记忆是操作性的、是正在工作的、活动着的记忆。人们短时记忆某事物，是为了对该事物进行某种操作，操作过后即行遗忘；如果有长期保持的必要，就须在这一系统内进行加工编码，然后才能被储存在长时记忆中。中央执行系统管理这两个系统并且将信息与长期记忆的内容建立联系。

（2）长期记忆

记忆的内容不但是按主题，而且按时间被组织管理。长时记忆是指学习的材料，经过复习或精细复述之后，在头脑中长久保持的记忆。长时记忆是一个真正的信息库，记忆容量似乎没有限度，它可以储存一个人关于世界的一切知识，为他的所有活动提供必要的知识基础。显然，它有巨大的容量。长时记忆将现在的信息保持下来供将来使用，或将过去储存的信息提取出来用于现在。它把人的活动的过去、现在和未来联系起来。它的信息主要来自对短时记忆的内容的复述，也有一些是在感知中印象深刻的内容一次性印人的，特别是那些激动人心引起强烈情绪体验的内容，可直接进入长时记忆系统被储存起来。

长时记忆中的信息保持时间在 1 分钟以上，甚至数年乃至终生，是一种长久性的存储。一个新的经验，一种通过训练得到的运动模式，首先去到工作记忆作短期记录，在此信息可以被快速读取，但容量有限。出于经济原因考虑，这些信息必须作一定清理。重要的或者通过"关联"作用被联想在一起的信息会被输送到中长期记忆。不重要的信息会被删除。

信息的贮存——记忆要经过多种步骤。首先是"形象"记忆，即感觉性记忆。通过各种感觉器官而获得的信息，首先在这里存贮。在这里的贮存量是十分有限的，所贮存的仅是一些极为初步的粗糙的材料。贮存时间也很短，一般只有几百毫秒。所以，这种记忆只是一种比在视网膜上的残留影像略微清晰些的画面。如果没有经过注意和处理，就会很快地消灭而忘掉。

因此，感觉记忆又被称作瞬时记忆。当信息在这个阶段经过了处理加工，从而把那些不连续的、先后进来的信息整合成新的连续的印象后，就可以从感觉性记忆转入时间较长的第一级记忆中。

从感觉性记忆到第一级记忆的这种转移和过渡，可以通过两种途径来完成。一种是把感觉性记忆的材料变成为口头表达性的符号，如语言，而转移到第一级记忆中，这是最常见的形式。另一种是非口头表达性的途径，目前还知道得不多，但这必然是幼儿学习时所必须采用的方式。第一级记忆常被称作短时记忆。在第一级记忆中，信息平均只保留数秒钟。

例如，我们看到一个电话号码，当刚刚看过而没有反复运用而转入长期记忆中时，仅仅也就能够记住到拨号完毕后不久。如果经过多次运用即复习，信息便在第一级记忆中作相应的循环反复，从而延长了信息在第一级记忆中所停留的时间，这样就使得信息更容易转入第二级记忆中。第二级记忆是一个庞大而持久的信息贮存系统，通常可保留数分钟到数年的时间。有些记忆，如自己的名字，每天都操作的技艺等，由于长年累月地运用和复习，是不大会遗忘的。这类记忆是贮存于第三级记忆系统中，可能终生不会遗忘。第二、三级记忆属于长期记忆。

记忆内容越是被频繁读取，或是一种运动被频繁重复进行，反馈就越是精细，内容所得的评价会提高，或是运动被优化。后面一点的意思是，不重要的信息会被删除，或是另存到其他位置。记忆的深度一方面和该内容与其他内容的连接数目，另一方面与情感对之的评价有关。

## 3. 记忆内容

根据记忆内容的变化，记忆的类型有：形象记忆型、抽象记忆型、情绪记忆型和动作记忆型。

（1）形象记忆型是以事物的具体形象为主要的记忆类型。

（2）抽象记忆型也称词语逻辑记忆型。它是以文字、概念、逻辑关系为主要对象的抽象化的记忆类型，如，"哲学"、"市场经济"、"自由主义"等词语文字，整段整篇的理论性文章，一些学科的定义、公式等。

（3）情绪记忆型，情绪、情感是指客观事物是否符合人的需要而产生的态度体验。这种体验是深刻的、自发的、情不自禁的。所以记忆的内容可以深刻的牢固的保持在大脑中。

（4）动作记忆型。动作记忆是以各种动作、姿势、习惯和技能为主的记忆。

## 4．保持时间

科学家们根据信息论的观点，根据记忆过程中信息保持的时间长短不同，将记忆分为短期记忆和长期记忆两个保持阶段。并通过一系列实验，进一步将这两个阶段分为：瞬时记忆、短时记忆、长时记忆和永久记忆四种。

记忆的效果取决于主客观两种因素，识记是获得知识、积累经验的必由之路，要提高记忆效率，首先要有良好的识记。只要讲究方法，尊重识记的规律，是可以达到事半功倍的效果的，识记的效果取决于主客观因素。

就主体而言，首先是否有明确的识记目的和任务，是否有强烈的学习愿望和纯正的动机，是影响识记效果的决定性因素。其次，识记中对材料理解得越透，记忆的效果越好。因此，加强对识记材料理解是使材料长久保持的关键。要做到这一点，首先对本来有意义联系的材料，尽量用已有的知识经验去理解，采用意义识记。其次是赋予无意义联系的材料以人为的意义，即把无意义联系材料意义化，进行主观组织、再编码，这样会有助于储存和保持。

根据所要识记的材料本身有无意义，或学习者是否了解其意义，识记可分为机械识记和意义识记。机械识记是指对没有意义的材料或对事物还没有理解的情况下，仅仅依据事物的外部联系，采用机械重复的方式进行的识记。例如，记人名、地名、电话号码、商品型号、历史年代等等。材料本身没有什么内在联系，只能按外在的时空顺序努力强记。

有些材料本身也有一定意义，但限于学习者的知识经验水平还难于理解其意义，在这种情况下，也只得采用机械识记。机械识记的优点是保证识记材料的准确性，缺点是花费的时间多，消耗的能量大。由于对材料很少进行智力加工，因此，总的效果不如意义识记。尽管如此，这种识记仍是不可缺少的。因为在现实生活中，总有一些缺乏意义的材料需要我们记住它。意义识记是指在对识记对象理解的基础上，依据事物的内在联系，并运用已有的知识经验对识记材料进行智力加工所进行的识记。意义识记的先决条件是理解，理解是通过思维进行的。科学概念，弄懂公式的由来和推导，把握课文的中心思想等，都属于理解。只有领会材料本身的意义，并把它用已有的知识经验联系起来，纳入已有的知识系统，才能把它保留在记忆中。这种识记的优点是容易记住，保持时间长久，易于提取。缺点是记得不一定十分精确，然而，在识记的全面性、速度和牢固性等方面，意义识记均优于机械识记。意义识记与机械识记的性质有所不同，但二者不是对立和排斥的，而是相互依存、相互补充的。意义识记要靠机械识记的补充，以达到对材料识记的精确和熟记的程度；机械识记也需要意义识记的帮助和指导。为了更有效地识记那些缺乏内在联系的材料，可以人为地赋予这类材料一定的联系，使之意义化，以便增强识记效果。

## 5. 意识类型

按心理活动是否带有意志性和目的性分类，可以将记忆分为无意记忆和有意记忆。

（1）无意识记又称不随意识记，是指主体事先没有识记的意图和目的，无须付出特别的努力，更不需采用任何识记策略和手段，信息完全是自然而然地被纳入长时记忆库中的。无意识记与人的职业、兴趣、动机和需要有密切的关系。凡是对人有重大意义的、使人感兴趣的、能激发人的情感的事件，常常无意中被记住。在日常生活中，人们通过无意识记潜移默化地接受了许多知识，积累起许多经验。但无意识记带有很大的偶然性和选择性，所识记的内容带有随机性。因此，单凭无意识记，无法使人获得系统的科学知识。由于无意识记可以减轻人的脑力劳动，又可记住许多有用的东西，因此，是值得大力研究和开发的识记方法。

（2）有意识记也叫随意识记，是指有预定识记目的，运用一定策略和方法，经过特殊的努力而进行的识记。有意识记的目的明确，任务具体，方法灵活，并伴随积极的思维活动和意志努力，因此，它是一种主动而又自觉进行的识记活动。人们掌握系统的科学知识和技能，主要靠有意识记，在学习、工作中，有意识记占据主导地位。（其中的"意"，心理学上的解释是指"意识"，意识问题很复杂，我们在这里将他解释为"意志性"和"目的性"，仅为了掌握。）结合记忆过程，还可以进一步分为：无意识记、无意回忆、有意识记和有意回忆四种。

第一：无意记忆的四个特征：

一是没有任何记忆的目的、要求；

二是没有做出任何记忆的意志努力；

三是没有采取任何的记忆方法；

四是记忆的自发性，并带有片面性。

第二：有意记忆的相对于无意记忆，也具有四个特征：

一是有预定的记忆目的和要求；

二是需要做出记忆的意志努力；

三是需要做出运用一定的记忆方法；

四是具有自控性和创造性。

无意记忆和有意记忆是相辅相成的，并在一定的条件下可以相互转化。也就是说，无意记忆可以向有意记忆转化，有意记忆也可以向无意记忆转化。这些条件包括：

第一，实践或认识任务的需要是两者相互转化的根本条件。

第二，信息强度的变化是转化的重要条件。

第三，人的主观处于何种状态是转化的重要条件。

第四，所掌握的记忆技能的熟练程度是转化的必要条件。

第五，精神高度集中，然后思想放松，常常是有意记忆向无意记忆转化的有利时机。

## （三）记忆力提高原则

### 1. 供氧充足

人的记忆过程中，就是大脑皮层神经细胞积极活动，进行记录和保存的过程。但人一旦疲劳，尤其是大脑疲劳时，其大脑皮层上脑细胞的活动就会受到抑制，甚至处于半休眠或休眠的状态。这时，外界进入大脑的任何信息都不可能得到有效的接收和反应。因此，要增强记忆力，其首要任务就是解除脑疲劳。

## 2. 缓解大脑疲劳供氧是关键

众所周知，人在进行脑力活动时，脑细胞需要大量的氧气。虽然人脑重量不过 1.4 千克，但它的耗氧量却占全身耗氧量的 1/5 ~ 1/4，是全身需氧量最多的"大户"，所需能量都要由细胞来供给。劳动繁重或紧张时，其所需的氧气和养分都会成倍地增加，由于大脑本身并不能储备更多的能量，它需要机体内的其他组织细胞将能量源源不断地对它进行供给，如果补充不及时即会形成脑疲劳，脑倦怠。

如果大脑处于倦怠和亚健康状态，其记忆力势必大打折扣。记忆力减退是脑疲劳必然的表现脑形式。因此，要保持大脑良好的记忆功能，必须保证大脑皮层清新活跃，供氧充分。显而易见，增强大脑供氧，缓解脑疲劳是提高记忆力的必然选择。

## 3. 明确目的

实践证明，在其它条件相同的情况下，有明确的记忆目的，则记忆力持久且强劲，反之则短暂而微弱。头脑的竞争取决于创造力的竞争。开发人的创造性思维认识能力的"思维产业"，将成为最有前途的"第五产业"。瑞典科学家爱佛莱·诺贝尔，为了试制炸药，4 年中进行了 400 多次试验。有一次，整个实验室都炸飞了，诺贝尔的弟弟和其他 4 个助手当场被炸死，他的父亲由于受惊吓、伤心而半身瘫痪。他自己也曾被炸得鲜血淋漓。但是，他毫不动摇。许多人劝他别再搞这种冒险事，他却说："创造新事物哪能不冒危险，但我不怕。"百折不挠，终于取得成功，为科学事业做出了贡献，是选择的成功。

选择和确立科学的目标是成功的前提。刻苦勤奋对成功很重要，然而选择和确立的科学目标指导自己的实践活动，比勤奋和刻苦更为重要。如果离开了科学目标的刻苦和勤奋，那么是徒劳的，或者不可能有什么成功的建树。因为刻苦和勤奋可能是人人都能做到的，而选择和确立科学目标并非人人都能自觉做到。只有具有远大和崇高理想的人，只有把远大崇高的理想和科学求实精神结合起来的人，才能确立起科学目标。

## 4. 浓厚兴趣

兴趣是增强记忆力的催化剂。一个人对他所感兴趣的信息和对象，会产生高度集中的注意力与观察力，精神上更加亢奋。对地理感兴趣的同学，由于伊拉克战争的吸引和关注，会非常熟悉伊拉克的地图，以及它的地形地貌及周边环境。

## 5. 高度注意

只有专心致志，聚精会神，信息和对象才会在大脑皮层中烙上深深的印迹；反之，注意力不集中，无意注意过多，会使人记忆力下降。

## 6. 遵循规律

记忆与遗忘是对立统一的，人的遗忘是有规律的，表现为最初遗忘的较快，几天后会重新想起来，以后逐渐慢慢地遗忘。因此，在遗忘到来之前，必须及时地复习，以便大大提高记忆的持久性。首先要有简练的复习提纲，依纲复习，"纲举目张"；其次要将及时复习、集中复习、分散复习相结合。

## 7. 心理状态

心理学实验证明，心情舒畅、精神饱满的人，记忆效果就好，反之则差。变成世界上最重要的人，那个人就是"你"。爱迪生的积极心态支持他通过了上万次失败，导致他发明了白炽电灯。这个发明迎来了伟大的电气时代，给我们提供了巨大财富。

亨利·福特的积极心态使他得以在制造他的第一部汽车早期斗争中处于领先地位；他在建立不朽的工业企业中，把积极心态当作他最伟大、最重要的资产。这个企业使他比克利萨斯更富有；他并且又直接和间接地大约为 1000 多万男男女女提供了工作。卡耐基的积极心态使他从贫穷和阴暗中崛起，作为他建立工业的主要资产；这种工业诞生了伟大的钢铁时代，现在还当作我们整个经济系统中最重要的一个环节。圣雄甘地的积极心态是统治印度许多世代的英国强大军事力量的强大对手。正是甘地的积极心态把两亿多同胞组成了一个"集体心理"联盟。这些人给他的消极抵抗增添了巨大的力量，因而从英国的控制下解放了印度，却未放一枪，未损一兵。如何保持良好的心理状态呢？

（1）树立正确的人生观、价值观。

（2）客观地评估自己和他人。

（3）有遭受挫折的心理准备。

（4）善于调控和转移注意力。

（5）积极参加公益的集体活动。

## 8. 科学方法

"劈柴不照纹，累死劈柴人"。记忆力的提高，不能够单纯地靠死记硬背。

（1）理解基础上的记忆和记忆前提下的理解相统一。感性认识是理性认识的基础，没有记忆，不可能上升到理解；而理性认识比感性认识更可靠、更正确、更深刻，没有理解，记忆就像散沙一样，失去应用的价值。

（2）尝试背诵法。

尝试背诵应有一个明确的记忆提纲，就像电脑里的目录、路径一样，将知识放在"目录"中，将"目录"融会在知识里，相得益彰，便于知识的提取应用。

（3）联想记忆。

①接近联想，用相互接近的事物进行联想。例如：历史上彼得一世的改革和明治维新。

②相似联想，用相似的事物联想。例如：意大利的地图像靴子。

③对比联想，由相反事物的一方想到另一方。例如：民主和专

政是辩证的统一。

④归类联想，从同类事物中来联想。

⑤因果联想，从原因想结果或从结果想原因。例如：遗传与变异。

⑥创新联想，人为创造一种联系进行的联想。例如：万有引力与库仑定律。

掌握以上几点并在实践中的灵活运用，相信你定能培养成较强的记忆力，更多的汲取科学文化知识，恣情地在知识的海洋里遨游。

## （四）记忆衰退表现

现任被越来越多的人承认的是，社会心理问题比如沮丧、忧伤、长期的紧张等会强烈地影响记忆功能。

1. 不重要性。感觉不重要是忘记最普通的一个原因。我们都知道，当孩子们谈论他们喜欢的运动队或者电影明星的时候，他们表现出了非常好的记忆力。在编码的过程中，信息的重要性得到了充分的考虑。简单说来，如果信息被认为是无用的，它就不会被储存在长期记忆中。另外，认为遗忘是学习到更高级的概念与规律以后，高级的可以代替低级的，使低级的观念遗忘，从而简化了认识，并减轻了记忆的量，这是一种积极的遗忘。新旧知识辨析不清，或者旧观念代替貌似相同实质不同的新观念，或者对新知识作曲解，从而导致记忆错误，这是一种消极的遗忘。

2. 干扰。强调新旧材料之间互相干扰，遗忘是由于记忆材料互相抑制，使所需要材料不能提取出来。提到干扰说，会涉及两个概念——前摄抑制和后摄抑制。先学习的材料对记忆后学习的材料所发生的干扰作用称前摄抑制。在无意义材料的记忆中受前摄抑制的影响极大。阅读一篇长文章，总是首尾印象深刻，中间部分不易记住，这是因为开始部分只受后摄抑制的影响，末尾部分只受前摄抑制的影响，而中间部分则同时受到两种抑制的影响。在记忆形成阶段中，不合时宜地打断竞争刺激。当干涉发生时，尝试重新提取记忆的努力就很可能失败。从经验上看干涉的影响，当你查到了一个你不知道的电话号码，重复了两遍，将它储存进了你的短期记忆系统，然后你和某人短暂地交谈了一会儿，你还能记得电话号码吗？很可能不能。干涉可能会导致"话在嘴边说不出"的经历。你似乎记得一些事，却想不起来。

3．退化（一个最老的关于记忆的解释）——即消退说。强调生理过程对记忆痕迹的影响，认为遗忘是由于记忆痕迹得不到强化，而逐渐减弱，以至最后消退。对记忆的训练可以从简单开始：看一张旧照片，复习一个故事，参加一次聚会，重温一段音乐，或是在你的脑海中形成一个场景。虽然退化可以部分地解释人到中年以后记忆的下降，但是很多研究证实，人们的记忆可以通过简单的记忆策略的帮助，在老年时期得到改善。所以记忆的退化并不是肯定伴随我们年龄的增长的。

4．抑制。认为由于某种动机所引起的遗忘，是人们压抑痛苦的或不愉快的事，以免引起焦虑的后果。为何记忆会从主观的想法中被排出，记忆的抑制很可能是为了帮助我们治疗感情创伤的内置的自卫装置。

记忆力减退的主要原因有以下几点：

（1）不良情绪

不良情绪主要是指抑郁、焦虑、愤怒等不良情绪，这些不良情绪会影响我们的思维，同时也影响着我们的记忆，导致出现记忆力减退。

（2）失眠

出现失眠，睡眠质量不好的朋友，记忆力也会有所减退。人的睡眠是休息的保护，如果人得不到休息，那么就会影响我们的记忆力与注意力。

（3）疾病

不管是生理上的疾病，还是心理上的疾病，都会导致我们出现记忆力减退。

（4）年龄

当我们的年龄增大时，因为身体机能的下降，那么记忆力也随之下降。

（5）用脑过度

用脑过度会导致一个人疲劳感增加，对外界事物的敏感度降低，从而影响记忆。

（6）依赖

如过度的依赖电脑、书籍等，会影响我们去开发自己记忆力，运用自己的记忆能力，从而出现记忆力减退。

（7）压力

适当的心理压力可以增加我们的记忆力，但是过度的心理压力就会影响我们的记忆力。

（8）不良嗜好

如抽烟喝酒等，酒精可以帮助人们消除疲劳，使身体活性化。

但是，饮酒过量会导致部分记忆的丧失。由于酒精对脑细胞的麻痹作用，很可能会发生暂时性记忆丧失。

## （五）记忆培养，过目不忘

在日常生活中提高自己记忆力的办法其实是很多的，重要的是你要做个提高自己记忆能力的有心人，在任何场合都形成习惯记忆。如我们可以从以下 15 个要点中着手，结合自身的实际情况加以改进和完善。

### 1. 平心静气

在日常生活与学习中都保持一种让自己平心静气的心态。更多的时候是让自己的大脑安静。情绪稳定最重要，"向微波荡漾的湖面投递一块石头，激起的波纹很快就会消失。但是，向水平如镜的湖面投进一块石头，激起的波纹久久不会消失。"这是日常生活中司空见惯的自然现象。

可以说，我们大脑也一样如此。人的记忆装置是大脑皮层，它在身心健康的情况下是非常平稳的，很容易接受和记忆外界传入的信息。大脑皮层的平稳，有利于切断与以前有关联的事物，把接受下来的信息作为新的记忆。过去人们之所以把寺院的和尚加以尊敬，一方面是因为他们善于吸收新知识，另一方面是为他们能够做到每日打禅，养精蓄锐，把吸收来的新知识加以消化。重要的原因恐怕就在这里。我们进行记忆时，关键在于首先要静下心，精神放松，然后再开始记忆。

## 2. 劳逸结合，提高效率

调整自己大脑的工作和休息时间，让大脑得到充分的休息，疲劳会降低大脑的工作效率。疲劳使头脑迟钝，即使是经过严格训练的运动员，比赛前也要充分地休息，以便消除疲劳，迎接比赛的到来。这不光是消耗体力的运动需要这样做，类似围棋、象棋那些使用脑力的运动同样也需要这样做。

所以，中原诚、大山康晴等著名的棋师，经常可以以最佳的精神状态参加比赛，发挥自己最大的优势，集中自己的全部精力。之所以这样说的原因在于，疲劳会显著降低脑细胞的机制，从而使记忆能力受到影响。

所以，希望增强记忆力的人必须经常注意劳逸结合，使脑细胞始终保持良好的状态。我们都知道，考试前整天开夜车的人，不管他怎样努力，也不会取得好的学习效果。与其搞得这样紧张，倒不如索性上床休息，等第二天头脑清醒时再去背诵那些需要记忆的内容。如果这样去做的活，效果反而会更好。但是千万不要为自己找借口中，明日复明日地拖延，不然很难取得好成绩。

## 3. 增强信心，坚定信念

树立起自己记忆超强的信心，并时时提醒自己要记住必须记住的东西，必须坚信自己"一定能记住"！当你对某件事情抱着百分之一万的相信它最后就会变成事实。

（1）期望定律：告诉我们，当我们怀着对某件事情非常强烈期望的时候，我们所期望的事物就会出现。

（2）情绪定律：情绪定律告诉我们，人百分之百是情绪化的，即使有人说某人很理性，其实当这个人很有"理性"地思考问题的时候，也是受到他当时情绪状态的影响，"理性地"本身也是一种情绪状态。所以人百分之百是情绪化的动物，而且任何时候的决定都是情绪化的。只要情绪高昂，必定事半功倍。

（3）因果定律：任何事情的发生，都有其必然的原因，有因才有果。当你看到任何现象的时候，你不用觉得不可理解或者奇怪，因为任何事情的发生都必有其原因。

（4）吸引定律：当你的思想专注在某一领域的时候，跟这个领域相关的事物就会被你吸引而来。

（5）重复定律：任何的行为和思维，只要你不断的重复就会得到不断的加强。

## 4. 在学习中摸索最佳方法

要学习和找到一套适合提高自己记忆力的方法，加之必要而又经常的训练再训练，提高再提高。一次记忆大量相似意义的事物是不容易的。因此，首先应当注意事物性质的不同点。

强调其个性，才能记住整体事物。改变整体中各个具体事物的排列顺序，把其中个性强，与众不同的内容巧妙地排列组合，以此作为记忆的要点，是可以广泛应用的方法。记忆数学公式时，如感到头昏目眩，最好改变一下记忆内容，如学习一会儿语文。隔开记忆是一种窍门。在实业交际中，如果一天天地总是会客，就容易把谁是谁弄混而记不清楚。如果在会客中间穿插一些别的工作，或者在会见客人当中注意区分不同类型，就能避免记忆混乱。

根据心理学家的分析，视觉是人类吸收知识、捕捉信息的重要门户，83％的知识信息都是通过视觉感官吸收的。文字呆板、枯燥，而简图、简笔画或图示，直观、生动、形象。简表条理清晰，可以充分调动大脑神经的形象思维能力，从而加深文字信息的记忆痕迹。在记忆物体的形态中有文字、图表和图像三大类，我们也很清楚知道，文字记忆的印象，还不如图像记忆。因此，在日常学习、工作中，我们可借绘制的技巧，来提升记忆。

该法是通过对图形的识记来增强记忆效果的方法。据心理学家研究，文字与形象的识记材料相比，形象记忆效果最佳。如美国图论学者哈拉里所说："千言万语不如一张图。"此法由来已久，早已显示出无可替代的优越性。其具体方法如下。

（1）表例要制作简单、清楚，使人过目难忘，易于记忆。如中国大事年表，只用几页纸，就把我国的历史发展状况大致记下来，使人一目了然。

（2）图表绘制，最好自己动手"创造"，因为，"创造"的过程，就是对识记材料的理解和记忆过程，一张图表绘制后，识记的材料就"胸有成竹"了。

（3）绘制图表，应注意线条简洁，立意要新颖，最好使用彩色笔，令人一目了然。图表的记忆效果更为显著。

## 5．提高兴趣，保持期待

要保持对世界充满强烈的爱好与兴趣，兴趣是记忆的第一推动力。我们的注意力很容易集中在与自己的兴趣或关心、期待和愿望、价值观或生活态度等相关的事物上。显然，没有意识地去记，或观察不认真细致，都是很难记住的。如同视而不见，听而不闻。有这样一句话："只有爱好，才能精通。"只有对某件事产生兴趣，才能深刻记忆。

记忆力与兴趣关系密切。兴趣是增强脑细胞活动能力的动力。例如球迷在看一场精彩的球赛时，能毫不费力地记住比赛中的每个精彩场面，而情节生动的小说也会使读者久久不忘。有的人对英语不感兴趣，然而，又非学不可，痛苦挣扎的记忆也不会有好的效果这种人如果喜欢推理小说，就可以把英文推理小说选为阅读材料，如果喜欢文学作品，就应当把英文的文学作品选为题材，这样，就会对英语多少产生一些兴趣。也可以通过看看英文原版电影，从中学习英语对话。有了兴趣就能提高脑细胞的活动能力，集中自己的精力。兴趣和好奇心是相通的，如果我们在街上行走时不具有好奇心，有时，甚至会把对工作极为有用的重要信息都错过。老年人记忆力差，与其说是由于生理上的衰退，倒不如说是由于失去了兴趣和好奇心所致。

## 6. 强烈需求，志在必得

强烈的愿望和刺激可以促进自己的记忆。任何人做任何事情都是带有一种需求。若是没有这种自信，脑细胞的活动将会受到抑制，脑细胞的活动一旦受到抑制，记忆力便会迟钝。关于这一点，我们可以从心理学上得到证明。

在心理学上，将这种情形称为"抑制效果"。一般的反应过程是：没有自信，脑细胞的活动受到抑制，无法记忆，更缺乏自信，最后形成一种恶性循环。因此，改善的第一个步骤就是恢复自信，使它演变成为良性循环，这就是增强记忆方法的首要条件。不过，若是只有自信而不去努力的话，还是无法使记忆力变好。曾为口吃苦恼，后来却成为希腊大雄辩家的狄摩西尼斯也是由于有充分的自信，志在必得的信念加上超过别人数倍的努力，才有了日后的辉煌成就。

心理学家在研究中表明：无论谁都可以增强自己的记忆力。乌德斯华十分强调自信的重要性。他说，凡记忆力强的人，都必须对自己的记忆力充满信心。古恩西也说过，记忆力这部机器越是开动得多就越有力量，只要你信赖它，它就有能耐。心理学家和生理学家几乎一致认为，要提高记忆的效率，反复练习（包括自我测验）是很重要的。

但是已经把要记忆的内容记住了之后，是否还要不断地学习、学习、再学习呢？过多的学习在心理学上称为"过度学习"。科学家进行的许多实验已经说明，过度学习对于记忆痕迹的固定是十分重要的。根据一项心理学的实验，十二个名词以每两秒钟的间隔分别表示。大约反复五次以后就能全部记住，但四天之后再进行测验时却一个也想不起来；可是当学习次数加倍，反复超过五次之后就能多想出三到四个。所以在准备考试时，即使已经熟记也不能说考试时没有问题，即使已相当熟练也要反复练习，否则很有可能对那些自认为胸有成竹的答案却一个也想不出来。过度学习也有一个优点，就是不但能熟记书上所写的．而且能理清文章脉络，加深对文章的理解，自己记忆中的印象也加深了。

## 7. 疑问猜想，驰骋想象

要在自己的工作与生活中建立与愉快事情相联系的记忆。让自己的心态永远年轻，保持刺激可以促使自己脑细胞变得敏锐和年轻。

打开想象力大门，要从多问"为什么"开始，要成个好奇和多怀疑的人。歌德的母亲每天都给歌德讲故事听。就像报纸上连载的小说那样，每天讲到"且听下回分解"的地方就打住，以后的故事情节让歌德去想象。幼年的歌德为此做了各种猜想，有时还同他奶奶商量，等待着第二天故事情节的发展。第二天，母亲在讲故事前，先让孩子说他是怎么想的，然后自己再讲。当歌德自己猜中了的时候，他就高兴地叫起来。歌德的想象力就是这样培养起来的。想象等诸如此类的非逻辑的思维方式，并非是文学家们独有的。在那些似乎更为冷静、严肃、甚至有点刻板的科学家们，也不乏具有把想象自如运用到纵横驰骋地步的人。

想象在科学发现中具有多方面的作用。没有想象，就提不出任何科学假说，就不能建立起研究对象的直观形象式的模型，更不能进行在科学发现中具有重要作用的理想实验。德布罗意提出物质波的假说运用了想象，卢瑟福建立原子的太阳系式模型运用了想象。这些事实表明，科学家中杰出的人物往往都具有很高的想象力。丰富的想象使人获得创造的动力。

杰出的人，光有杰出的气质是不够的，还要有合乎逻辑的头脑。联想可培养模仿和创造。移植——创新，亦会有建树。逻辑性是思维流程中的动向规律，它能使思维有条不紊，富有层次。在吸取他人创造事物的基础上，通过联想，加上本人的创造性，产生新的创造。"联想——顿悟"，具有惊人的创造力。任何一个大脑健康的人与任何一个伟大的科学家之间，并没有不可跨越的鸿沟。他们的差别只是用脑程度与方式的差异，而这个差异不但可以填平，而且可以超越。

## 8. 独具慧眼，记住特例

一般来说，与多数事物不同的是少数，与其余的多数有明显的区别，因此，能清晰地印在脑子里。在"西部"故事影片中，骑兵队的队长和印第安人酋长总是骑白马，因此，就能很快与其它人区别开，这同我们的经验相同。有时，大家都表示赞成某些意见，往往有人唱反调，这就使大家很容易记住他。学会一种或多种观察能力，敏锐的观察力能帮助我们记忆。

## 9. 左右脑并用

右脑之所以具有更强的创造性思维。与许多高级的认识功能集中于右脑有关。

一方面，右脑司职处理表象信息，是进行具体思维、直觉思维、发散思维的脑部区域，主管人的视知觉、复杂知觉、模型再认、形象记忆、空间位置和几何图形的识别，具有不连续性、整体性、弥散性、全方位性等机能。而且，人脑的大部分记忆，是将情景以模糊的图像存入右脑，就如同录像带的工作原理一样，信息是以某种图画、形象像电影胶片似的记入右脑的，因此又叫感性脑。

另一方面，右脑的视觉记忆系统不像语言和逻辑系统那样受语词、语序的限制，它的思维线路不遵循固定的逻辑模式和规则。而是常常受不经意间，或某个不直接相干的因素为契机的激发影响，产生灵感和直觉，由此引导创造性思维的迸发。

因此，利用图像、表格，结合声、光、色、形等多种手段，并且加强活动主体的左侧肢体锻炼，提高人对空间的感受性和直觉能力。但右脑一旦受损，会导致模式识别障碍、空间定向障碍等非言语障碍症状，并直接影响创造性思维和活动的展开。

大量实验显示，右脑具有相当高级的意识能力。例如，认识自我、表现自我的"自我意识"能力。理解社会角色、做出社会评价等处理社会关系问题的"社会意识"能力等。当然，右脑的意识能力，只能通过非言语方式（如表情、手势等）表达。关于科学家利用何种类型思维进行创造性科研活动，除了思维机制中的意象能够予以自由的再生和组合外。

爱因斯坦认为："当然，在那些元素和有关的逻辑概念之间存在着一定的联系，这一点也是清楚的。即那种要最后得到在逻辑上有联系的概念的愿望，正是上述元素的相当模糊活动的基础。但是，从心理学的观点来看，这种组合活动似乎才是富于创造性思维的基本特征，这种组合活动即存在于能够传达给别人的语词或其他符号加以逻辑性地结合起来的任何联系之前。"在他看来，上述心理元素是"视觉型的或动觉型的"，只有当上述联想活动充分建立起来，按照全脑意识理论进行操作。

爱因斯坦第一阶段反映的是右脑意识的功能特点。是指右脑在把握事物复杂表象时体现出的灵活策略，即以视觉和动觉形式来表现想象的能力，即"富于创造性"的视觉或动觉意象的"自由再生和组合"，及其"充分建立起来"并能"随意地再生出来"，这无疑是非言语或非逻辑思维的。右脑对事物充分酝酿之后，穿越盘根错节的表象抓住问题的核心。

　　第二阶段反映的则是左脑意识的功能特点。即正是在其右脑机制作用下的富于创造性并且灵活自如的视觉思维。在得到对问题的某种领悟并能随意使之再生出来时，才能将其传递给左脑，进而"费劲地寻找出语词或其他符号"，以进行言语或逻辑思维，从而完成其创造性思维全过程。简言之，通过语词的方式整合为规则、概念的抽象形式加以表达。一个创造力很强的人，当其解决问题时，右脑意识功能的充分调动，正是所谓"无意识心理"作用下的原发创造性思维活动。这种类型的人在充分进行视觉意象的、隐喻的、意会的、直觉的原发创造性思维时，还能紧接着充分调动起左脑功能，并以高超的逻辑思维能力将其创造性发现传达给他人。笔者认为，根据已有的科学认识。这种左右脑之间的转换应该可以通过培养和训练而得到程度不同的改善。

　　总而言之，根据全脑意识理论的认识，充分调动各具特色的两种脑意识功能，也即充分发挥全脑意识的作用，而不是偏颇于其中之一，无疑是提高一个人的创造性思维能力的关键所在。

## 10. 充分理解，便于记忆

　　要站在对方的立场上考虑问题，在记忆中尤其如此。要充分理解的基础上记忆对象。"先理解，再融会贯通，后记忆。"其实，这句话无非是告诉我们一个记忆的道理，只有在理解的基础上进行记忆，才能记得好。出现以上的症状是由于没有对记忆的东西进行理解而导致的。孔子在《论语》里有这样一句话："学而不思则罔，思而不学则殆。"要记得必先懂得。人常说："知道、悟道、做到，方能得到。"如果我们在记忆的时候一味地死记硬背，即使记住了，过后仔细想想也还是什么都没有记好。因此，要想掌握记忆的技巧，必须先记住这句话——只有傻子才会死记硬背。我们提倡在学习上采取以下五个步骤：初步接触、实际使用、不断重复、融会贯通、再次强化。就像是成千上万的人看过苹果从树上掉下来，唯有牛顿会问为什么？理解、融会、贯通，才是优质记忆的上上策。

### 11. 开发右脑，惊现潜力

开发自己的右脑，把记忆对象形象化有助于记忆。

（1）一种高效的右脑训练法，一式瞬间抓物法。不管是字还是图，用最快的速度看清楚，然后移开视线，此时脑海努力回忆刚才看到的。注意！此法遵循两个原则：

①要尽最大的努力回想，这是训练的关键。若确实想不起来，看原图，并分析原因。

②从简单到复杂，逐步建立信心。大约1星期见效果。据表哥讲，熟练此法，一首3千言诗他只需读两遍便可完全记住，此法乃训练右脑图象再现能力，效果神奇！

（2）快速进入右脑学习状态的三步法？

进入右脑意识状态的三步：冥想、呼吸、想象。

有一点要明白：是否运用想象来学习所取得的成果是非常不同的。发挥想象力是比较简单的事情。要进入右脑的意识状态，想象是很必要的。有一个公式可以教我们如何进入右脑意识状态和使用右脑，它就是（1）冥想；（2）呼吸；（3）想象。也就是说，进入右脑意识之前首先要闭上眼睛，平静心情，然后深呼吸三次，再进行必要的想象，右脑中想象过和事物能够栩栩如生地记忆在脑海里，这是右脑的一种机能。把这种机能全部运用到学习中去吧！这对你很有帮助

## 12. 勤奋努力，多学多记

思想活跃的人之所以多为好奇心强者，是因为动力与素材两方面效用的相乘在起作用的关系。一个有思想的人，才真是一个力量无边的人。帝王统治人民不过一朝一代而已；艺术家的影响却能绵延至整整几个世纪。左思要写《三都赋》，广泛进行社会调查，大量搜集素材。在这个基础上，关起房门，谢绝亲友，专心致志地进行构思和创作。他在室内、院里、厕所等地到处放上纸笔，不管走到哪里，不管什么时间，只要想到好词好句，就立即记下来。就这样，经过 10 年的努力，终于写成了轰动一时的《三都赋》。由于京城人争相传抄，一时纸张价格大涨。"洛阳纸贵"被后人传为佳话。

## 13. 联想想象，过目不忘

发挥想象的力量，清楚地认识和记忆事物的最有效方法，就是联想。一接受某种刺激，在某种意义上，一时会浮现出与那一刺激有关联的事物。脑的这一机能就是联想。我们在思考事物的时候，会出现各种各样的观念，会有各种各样的作用方式。但是，那些作用方式是有一定规则的，不是随便的。当一种观念或事实成为刺激

时，与它没有关联的观念或事实就不会出现。就是说，由于观念或事实 A 的出现，观念或事实 B 就以一定的规则出现。在亚里士多德的《记忆和联想》一书中这样记述："我们的思维是从与正在寻求的事物相类似的事物、相反的事物、或者与它相接近的事物开始进行的，以后，便追寻与它相关联的事物。由此而产生联想"。亚里士多德的这一想法，在后来的十七世纪为英国的联合学派所吸收，产生了所谓的联想定律——接近联想、相反联想、类似联想，对此进行了整理和应用。

（1）接近联想定律。二种以上的印象，在时间上或空间上同时或接近发生，那么其中的一种印象会使另一方回忆出来，这就是接近联想。例如，墨水和笔，桌子和椅子，孩子和玩具，火柴和香烟。另外，接近联想也包括原因与结果，例如，台风和洪水，抽烟和火灾等。

（2）相反联想定律。当二种以上的印象互相相反时，某一印象的产生可以使另一印象回忆出来。例如，黑与白，左和右，善和恶，少男和少女等等。

（3）类似联想定律。某一印象，会引起脑中与它有某种类似的其它印象的回忆。

（4）新近性定律。最近形成的联想要比数年前形成的联想容易回忆。在其它条件完全相同的情况下，人们对于刚刚看过的电影比几个月以前看过的电影的记忆要好得多。

（5）频繁性定律。联想越是反复就越容易回忆。九九口诀之所以不会忘记，是不知多少次反复使用的结果。

（6）生动性定律。联想越是强烈，显著，就越容易回忆。越是生动，活灵活现，就越难忘。

换言之，两种观念或事实由于相似而能进行联想。例如，猫和虎，鞋和木屐，狡猾的男人和狐狸等。

一切记忆的基础是联想。将新的事实与脑中已经存在的事实建立一定的关系，这种联系越是牢固，就越能将新的事实很好地记住。在进行形象联想的基本训练时，最主要的是要掌握规律，然后再把无规律和抽象的概念加以形象化。这样，任何词的形象就能迅速而自如地浮现出来. 联想一定要大胆。如果稍有这种杂念："这似乎不太合乎道理吧。" 那么，记忆效果就会下降一半。越是能描绘出大胆、奔放的形象的人，想象力越丰富。总而言之，只有想象力丰富的人，记忆力万能得到充分发展。联想不可能是无意识的，只有对事物的认真观察和认识，才能在头脑里刻上事物的最初痕迹，才能在任何时候都能通过联想而回忆起来，健忘才能解决。

## 14. 化整为零，分类记忆

学会整理和分类，适当的分散记忆（化整为零）有时比集中记忆效果好。如果一下子接受太多的内容会让你感到很厌烦，摸不着头绪，容易把现在记好的和以前记的发生混淆，产生 "大脑爆炸" 现象。为提高记忆的效率，就要求把记忆分类整理，这样才会收到事半功倍的效果。

分类整理，就是按照记忆对象的一般特征，将这些特征归纳、整理，使零散的资料、信息趋向集中，将无条理、零碎的信息系统化，经过如此分类、编整，让我们易于熟记。在我们的学习经验中知道，分类是保持要唤起过去的经验、回忆，它是重要的过程与步骤。因此，把记忆对象做分组、分类有助于提升记忆力。

关联就是两两有某种关系者，将其联系在一起，这可以缩短记忆距离，提升记忆力。超级学习大师东尼·布赞曾说："若想要记住一件事情，必须找出已知或既定事项之间的关联性。"运用关联，就是发挥联想思维力，将记忆对象有本质相似者，取其形、取其音、取其对立相反，或是任何一切，你可以联想出的关系都可以。大家都知道，零散的知识是最难记忆的．费神最多。但如果将零散的知识编成故事串在一起．利用故事去学习想要记忆的材料，就容易多了。

## 15．调动五官，协同记忆

读、想、视、听相结合。可以同时利用语言功能和视觉、听觉器官的功能，来强化记忆，提高记忆效率。这比单一默读的效果好得多。朱熹说过："余尝谓读书有三到：心到、眼到、口到。心不在此，则眼看不仔细。心眼既不专一，却只漫浪诵读，决不能记，记亦不能久也。三到之中，心到最急。心既到矣，眼口岂有不到者乎？"

有经验的教师都是运用协同记忆法调动学生记忆积极性的高手。他们讲课时，总是通过自己抑扬顿挫的声音、恰当的动作、丰富的表情作用于学生的感官，有时还加上实物、挂图、模型、实验和幻灯等直观手段，从而达到强化学生对知识理解和记忆的目的。学习外语时，为了充分运用各种感官来提高记忆效果，要特别强调听、说、读、写的训练。这样做可使注意力集中，多渠道输入，使外语的单词、课文能很快被记住。那种学外语既不出声朗读，又不动手写的学生，记忆效果是绝不会好的。

出声朗读有助于记忆。这是由于读出声来能使精力集中，同时由于自己发出声音和听自己的声音这两种活动同时进行，两种器官协同作战，所以，对大脑的刺激效果就能增强。例如，因发掘特洛伊遗址而闻名的 H·修利曼，以语言学的天才之称而被人们熟知。他从学习希腊语开始，到精通几国语言，其学习方法就是朗读。而且常常读到深夜。据说，他曾因此而被人从公寓赶出多次。他仅用 3 ~ 6 个月就能完全记住、精通一门外语。又如，我们在用字典查阅英语单词时，如果嘴里一面念一面翻书的话，就能很快查到；如果不出声，相类似的词就在旁边，很容易弄错。当你一页一页地翻阅查找时，突然一个使你注目的单词跳入眼帘，你会先看这个词，结果，把自己本来想查的词也忘了。如果总是念叨着要查找的单词，就能直接去查找。读出声来随时都能判断自己查单词是否正确。

## 16. 集中注意力

（1）努力集中注意力考试、做功课或者工作中要做出某项决策时，却被外在的其他事物所吸引，无法专心，也就是说，注意力无法集中。美国有一所记忆术训练学校对此进行了专项研究，并提供了一种解决方法。大致是这样的：第一阶段：先将注意力转移——钢笔、课本、玩具、零食等各类琐碎的事物上。第二阶段：再凝视某一目的物，直到厌烦为止。第三阶段：将眼睛闭起来，回忆刚才所见的事物，例如圆珠笔，将其颜色、形状、长短等外形特征描绘在脑海中。第四阶段：将思维从圆珠笔上移开，然后睁开眼睛。第五阶段：间隔30秒。接着，再选其他事物重新从第一阶段做起。

（2）进行看的训练在家里找一个小物件，诸如圆珠笔、钥匙、小刀、水杯等仔细地看上 30 秒钟，然后闭上眼睛，试着把它的特征详细地描述说出来。如果第一次有些细节说不出来，那么再来一次。如此，直到能够说得准确无误为止。在商场里的商品陈列台前，尽量排除干扰，专注地看 60 秒钟。具体看的内容，可以是有多少种商品，可以是商品的摆放形式，也可以是某个商品的外观、规格、商标样式等。然后转过身去，试着回忆一遍，一直到准确无误为止。

（3）进行听的训练在家打开音响听音乐，要把声音调低，微弱的声音会促使你集中注意力，听上 3 分钟，然后把它的内容复述一遍。在喧嚣的街头，集中精神去听一种声音，如汽车的行驶声，行人的脚步声，远处传来的音乐声。进行这种训练，大脑会自动排除那些你不想听到的噪音，这是一种能使脑子冷静下来的训练。

（4）进行想的训练选择三个问题去思考，比如近期的工作计划、一篇文章的标题该如何起、去超市购物要买些什么。每个题目想三分钟，一定要依照前后次序进行。坚持这种训练，对集中注意力思考问题和加强记忆力都有好处。

## 17．不去记忆琐事

记忆无关紧要的事情有害无益在想记忆某一事物时，却临时看了一场电影，或看了一些有趣的书，这样的话，就不能很好地记住要记忆的事情了。这是因为，有趣的事物能使大脑处于兴奋状态，心情不能平静下来。因此：要想把要记忆的事情铭记在心，就要除前述因素的干扰，否则，很难牢固记忆。

有人认为，我们的脑子通常只用了百分之几的细胞，大脑所具有的记忆能量是无限的。但是，尽管大脑中的记忆量很大，然而，随心所欲地记忆也是不可能的。尽管大脑记忆潜能无限，但作为接受各种信息的入口——意识，只有一个。作为记忆入口的意识，如果有无关紧要的信息干扰，就难以记住必要的信息。

此外，把记忆的信息输送出来也是一样，如果记一些不必要的信息，当需要输出必要的信息时，也会把那些无关紧要的信息一起提取出来，信息内容就会变得不准确了。把必要的信息分选出来记忆比如：想回忆一下一周前见过的人的名字，可脑子里总浮现出那天下了倾盆大雨，或者某个咖啡馆的咖啡不好喝等等，都是一些无关紧要的事。而最重要的，如对方的名字，脸型．却怎么也想不起来。达不到记忆的目的。总而言之，要想记住某一件事物，并且能再现出来，特别注意的是，不要让大脑吸收那些对自己有强烈印象的无关紧要的信息。

## （六）记忆秘诀，博闻强识

### 1. 多听音乐帮助记忆

保加利亚的拉扎诺夫博士，以医学和心理学为依据，对一些乐曲进行了研究，发现巴赫、亨德尔等人的作品中的慢板乐章，能够消除大脑的紧张，使人进入冥想状态。他让学生们听着节奏舒缓的音乐，并且放松全身的肌肉，合着音乐的节拍读出需要记忆的材料。学习结束之后，再播放 2 分钟欢快的音乐，让大脑从记忆活动中恢复过来。很多试验过这种方法的学生都觉得这种方法的记忆效果很好。

## 2. 背诵经典提高记忆

我们知道，人常常在看书和学习中甚至是休闲时会经常背诵一些名篇、成语、佳句、诗歌短文、数理公式、外文单词和技术要领知识，那可是锻炼记忆力的"硬功夫"呀。马克思青年时就是用不熟练的外文背诵诗歌，锻炼自己的记忆力的。每天坚持10至20分钟的背诵，也能增强记忆力。

## 3. 身心运用记忆效率高

科学证明，正确的重复是有效记忆的主要方法，特别在人在学习中通过自己的脑、手、耳、口并用进行知识记忆时，记忆的效率高效果好。因为当你记忆时，应该用脑想，也要口念，手写，在学习中不知不觉地调动了自身更多的记忆"通道"参加记忆，这样使自己的记忆痕迹加深，记忆效果当然更好。

## 4. 奇思妙想强化记忆

我们在学习与看书时往往对一些数字、年代不易记住。如果你善于联想记忆，便好记了。如桩子表和房间法或叫罗马房法和图像字法，是联想法的具体化。你可以将桩子或房间用来当成图像的存放处桩子，原理就是让要记忆的东西来跟已知的东西做连接。原来的东西就叫"桩子"，把新的要记忆的事物与桩子连接，此法用于大量数据和外语的记忆。

## 5. 多咀嚼能增强记忆力

科学证明：人的咀嚼是能有效防止记忆衰退方法之一。有人认为，其原因在于咀嚼能使人放松，如果老人咀嚼得少，其血液中的荷尔蒙就相当高，足以造成短期记忆力衰退。如我们在观察人群中就会发现，经常咀嚼的人牙齿就好，吃饭更香，学习能力和记忆能力也随之增强。又如美国人最爱咀嚼口香糖就是例证。

## 6. 注重饮食助记忆

摄取适量的"健康油脂"可减少血栓的发生，例如橄榄油、鱼油是维持血液正常循环的好选择，含有丰富维生素、矿物质的蔬菜水果也是保持健康的上佳选择。有不少的人，不是记忆不得法，而是大脑中缺乏记忆信息传递员——乙酰胆碱。如果你经常吃上述食物，便可极大地改善你的记忆力。

## 7. 多爱玩耍的人记忆力强

人的躯体活动能改善健康情况，精神活动则能减轻记忆力衰退。特别是那些爱玩爱活动的人们兴趣广泛，涉猎众多，知识面广，记忆也强。科学证明：爱跳舞、读书、玩纸牌、学外语等活动项目都能在不同程度上增加神经突触的数目，增强神经细胞间的信号传导，巩固记忆。

## 8. 运动健身可防止记忆衰退

一般情况而言，身体健康，爱好体育运动和热爱生活的人，精力充沛。运动健身可防止记忆衰退，学习力强记忆力自然也强，人们在锻炼身体时可以促进大脑自我更新。专家认为，长期的心血管运动可以减少因年龄增长出现的脑组织损失，可以减轻记忆力衰退。多项研究表明，要保持大脑活跃，只需经常运动。一周锻炼三到四次的在校儿童，在 10 岁或 11 岁时考试成绩一般都较高。经常走路的老年人在记忆测试中的表现要比那些惯于久坐的同龄人好。通过向消耗能量的大脑输入额外的氧气，锻炼能增强智力。运动是男性提高记忆力的重要途径，就像女性更乐于与人言语交流一样，雄激素决定了男性更热爱运动。

最新研究还反驳了人出生后就不能再产生新的脑细胞这种说法。相反，研究发现体育锻炼实际上能促进新脑细胞的增长。在老鼠身上，锻炼引起的脑力增强效果在与学习和记忆有关的海马状突起上表现得最为明显。

## 9. 家庭幸福可防脑衰

大量社会调查早已证明，家庭幸福对学习者而言是提高学习记忆力必要条件，特别是相恋的人或夫妻两人的两情相悦的幸福感会使双方体内分泌激素和乙酰胆碱等物质，有利于增强机体免疫力，延缓大脑衰老。

## 10. 利用生物钟把握最佳时段

研究证明，合理的利用生物钟，掌握最佳学习时间，能有效提高工作效率和学习效率。合理利用人体生物钟，提高记忆力，不失为一种好方法。

一天中什么时候人的记忆力最好呢？什么时候才是最佳学习时间呢？据生理学家研究，人的大脑在一天中有一定的活动规律：

6—8 点：机体休息完毕并进入兴奋状态，肝脏已将体内的毒素全部排净，头脑清醒，大脑记忆力强，此时进入第一次最佳记忆期。

8—9 点：神经兴奋性提高，记忆仍保持最佳状态，心脏开足马力工作，精力旺盛，大脑具有严谨、周密的思考能力，可以安排难度大的攻坚内容。

10—11 点：身心处于积极状态，热情将持续到午饭，人体处于第一次最佳状态。此时为内向性格者创造力最旺盛时刻，任何工作都能胜任，此时虚度实在可惜。

12 点：人体的全部精力都已调动起来。全身总动员，需及时进餐。此时对酒精仍敏感。午餐时一桌酒席后，下半天的工作会受到重大影响。

13—14 点：午饭后，精神困倦，白天第一阶段的兴奋期已过，精力消退，进入 24 小时周期中的第二低潮阶段，此时反应迟缓，有些疲劳，应该适当休息，最好午睡半到一小时。

15—16 点：身体重新改善，感觉器官此时尤其敏感，精神抖擞，试验表明，此时长期记忆效果非常好，可以合理安排一些需

"永久记忆"的内容记忆。工作能力逐渐恢复，是外向性格者分析和创造最旺盛的时刻，可以持续数小时。

17—18点：工作效率更高，体力活动的体力和耐力达一天中的最高峰时期，试验显示，这段时间是完成复杂计算和比较消耗脑力作业的好时期。

19—20点：体内能量消耗，情绪不稳，应休息。

20—21点：大脑又开始活跃，反应迅速，记忆力特别好，直到临睡前为一天中最佳的记忆时期（也是最高效的）。

22—24点：睡意降临，人体准备休息，细胞修复工作开始。

如果常用兴奋大脑的方法强迫大脑继续工作，就会强行改变生物钟节律。加重心理疲劳，加重细胞损伤，对机体十分有害。生活中，我们大可不必时时刻刻都绷紧神经准备应战，搞得自己疲惫不堪，工作效率也不高，而应该根据自己的生物钟规律，合理安排作息时间。将精力最为充沛的时间留给最富有挑战性和创造力的工作。脑的健康是人体健康的基础和保证，人们现在讲保健、盼长寿，那么。科学用脑，及时消除身心疲劳，一辈子注重脑保健是至关重要的。

人人都渴望自己具有丰富的知识和卓越的才能，成为栋梁之才。要成为人才，就要有一定水平的智力。而记忆力作为一切思维的基础，其重要性便不言而喻了。可是，有人不懂得这个道理，甚至轻视记忆力。乔治·杜阿梅尔对这种观点作过尖锐的批评："在我出生的那个时代里，记忆丝毫没有被视为一种不幸的美德……人们故意可恶地把记忆这种美德同智慧对立起来，这是愚蠢至极的行为。记忆不但无碍于智慧，反而给人增添智慧，并给智慧提供营养和材料。一个聪明人，如果记忆力差，又不好好训练，那他仍是一个可怜的人，因为他失去了应用他的聪明的最好机会。人们不要歧视记忆，而要驾驭使用它，使它俯首帖耳。"伏尔泰也说过："人，如果没有记忆，就无法发明、创造和联想。"也许你会说，"我不是不想记忆，而是天生记性差。"说这话似乎显得无可奈何，但请你不必丧气。记忆力固然与天生的素质有一定的联系，但你要相信，记忆力确实是可以通过训练而得到加强的。你更要相信，记忆力真的会创造奇迹。

# 解读

# 提高智力的诀窍

宋圣天◎编著

下

中国出版集团

现代出版社

**图书在版编目(CIP)数据**

解读提高智力的诀窍(下)／宋圣天编著. 一北京：现代出版社，2014.1

ISBN 978-7-5143-2115-9

Ⅰ．①解… Ⅱ．①宋… Ⅲ．①智力开发－青年读物 ②智力开发－少年读物 Ⅳ．①G421－49

中国版本图书馆 CIP 数据核字(2014)第 008501 号

| | |
|---|---|
| 作　　者 | 宋圣天 |
| 责任编辑 | 王敬一 |
| 出版发行 | 现代出版社 |
| 通讯地址 | 北京市安定门外安华里 504 号 |
| 邮政编码 | 100011 |
| 电　　话 | 010－64267325 64245264(传真) |
| 网　　址 | www.1980xd.com |
| 电子邮箱 | xiandai@ cnpitc.com.cn |
| 印　　刷 | 唐山富达印务有限公司 |
| 开　　本 | 710mm×1000mm　1/16 |
| 印　　张 | 16 |
| 版　　次 | 2014 年 1 月第 1 版　2023 年 5 月第 3 次印刷 |
| 书　　号 | ISBN 978-7-5143-2115-9 |
| 定　　价 | 76.00 元(上下册) |

# 目  录

## 第四章  注意力

## 第五章  想象力和判断力

## 第六章　名人提高记忆实例

## 第七章　智力素质浅谈

# 第八章　智慧与思路

# 第四章  注意力

## （一） 注意力概述

注意是心理活动对一定对象的指向和集中于某种事物的能力，是强调在某一瞬间内的心理活动有选择地朝向一定的对象。这种集中又细分为两种不同的情况：一是在同一时间内各种有关的心理活动都共同地指向并集中于同一对象；二是一种心理活动不仅指向于一定的对象，而且维持着这种指向，并使活动不断深入下去。

在这里，注意更强调"集中"和"维持"。与观察相比，注意有更多的意志过程参与。"注意"，是一个古老而又永恒的话题。注意自始至终贯穿于整个心理过程，只有先注意到一定事物，才可能进一步去集训、记忆和思考等。注意包括被动注意（又称不随意注意）和主动注意（又称随意注意）。当你对某种事物产生一种深深的、热切的，紧张的感情，这种感觉加强了你的意志，在你心中激起一种为预定目标工作的激情。当你的视线中出现这种目标时，你的工作就会引发你的兴趣。你将你最好的精力投向它，你的中心注意力也投向它，除了实现这个目标之外，你很少想别的事情。你的意志被刺激到了从未有过的活跃状态，因此你越来越有劲地完成你的工作。俄罗斯教育家乌申斯基曾精辟地指出："'注意'是我们心灵的唯一门户，意识中的一切，必然都要经过它才能进来。"注意是指人的心理活动对外界一定事物的指向和集中。具有注意的能力称为注意力。

## （二）个性心理，影响注意

### 1．人的神经类型可以分为四种：

（1）兴奋型——神经活动强而不平衡的类型，其特点是易兴奋、易怒而难以自我控制。这种人当他们对某一件事情发生兴趣时，他们的热情是非常高的，可以很专注地学习。但是一旦被一件意外的刺激干扰，他们就很难专心学习了，并且难以改变这种不利的局面。

（2）活泼型——神经活动强、平衡而灵活的类型，其特点是反应灵敏、外表灵活，能很快地适应迅速变化的环境。这种人当他们面临内容丰富的学习材料时，可以很集中、安心的学习，然而假如学习材料比较枯燥，他们就难以安心、专注地进行学习了。

（3）安静型——神经活动强、平衡而不灵活的类型，其特点是坚韧而行为迟缓，行为表现不容易改变，显现为平稳而安静的状态。这种人可以很集中地学习书本知识，由于具有良好的注意力，所以学习成绩往往也是不错的。

（4）弱型——神经活动的兴奋和抑制都比较弱，灵活性也比较差，却相当过敏，显得胆小而具有一定的神经质。这种类型的人比较难以长时间的专心地进行学习，伊尔么拉耶娃·托米娜在实验室的研究中发现：神经系统活动弱的成年人，在 30 至 50 分钟之后智力活动的能力几乎为零，远远高于其他神经类型的人。她得出结论说，神经系统的能量是决定长期注意力是否集中的基本因素。在执行要求长期精神集中和经常仔细观察的任务方面，神经活动衰弱的人较强壮的人要困难些。

## 2. 人的性格可以分为六种

所谓性格就是比较稳定的、并且有持续表现的行为和态度倾向。性格类型的划分是多种多样的，可以分为内向的、外向的，理智的、情绪的、意志的，独立的、顺从的等等，常见的有以下几种：

（1）"社交型"的孩子。特点是喜欢与同学在一起，朋友多，性格外向、热情。在他们学习的时候，只要同学稍有招呼，就坐不住了，难以安静地看书学习，也难以很好地观察和做实验。

（2）"神经质型"的孩子。特点是做事摇摆不定，已经决定的事，也经常变动，很容易为小事而闷闷不乐，特别在意别人的议论，只要有人看着，就心烦意乱，无法专心搞好学习。他们要是觉得谁在背后议论了自己，那么情绪就会很坏，总是在心里思索导致无法安心学习。

（3）"依赖型"的孩子。特点是凡事自己不爱动脑筋，事事依赖别人，遇到困难好向别人求助，如经常向别人借文具、爱抄别人的笔记，学习的时候经常需要父母的督促、提醒。他们学习的时候，稍微遇到一点难题，其心思就不在书本上了，而是想马上去问别人或找工具书来帮忙，自觉性不强。

（4）"不稳定型"的孩子。特点是不沉着，听课时想别的，坐不住，别人对自己稍有不利，马上就发火，喜欢什么东西，也按耐不住地兴奋。精神老是不能集中于某一事物，所以学习的时候也不能安心。造成这种状况，大致有两种原因，一是孩子的生活环境太差，二是家长的情绪不佳。

（5）"自卑感型"的孩子。特点是认为自己的头脑不好，用功学习也没有什么用，严重的认为自己什么也不行，觉得别人总是不相信自己，对什么事情都没有信心，但是却害怕失败；由于自卑，他们即使外表上显得也在认真看书，却往往是空有架子，自己不能调动自己的潜能，所以学习难以有成效。

（6）"认真型"的孩子。特点是听老师的话并忠实地执行，按时完成课外作业，性格有些死板，别人开玩笑，自己就生气，其行为表现俨然像个大人；在家里父母不说，自己就能认真主动地学习，他们的成绩好，却总怕老师说自己不好。"认真型"的孩子在学习的时候总能集中自己的注意力。

## 3. 人的四种血型气质

人的体液主要由血液、黄胆汁、黑胆汁、黏液所混合组成。

（1）多血型：在体液的混合比例中血液占优势的人属于多血质，多血质的人好似春天一般，温柔浪漫。其典型的表现是活泼好动、反应灵敏，喜欢与人交往，兴趣和情调容易变换，注意力容易转移并且具有外向性。活泼可爱，平时乐于助人，有较强的表演才能，反应较为灵敏，与朋友能较好相处，但有时会在课堂上随心所欲地乱插嘴，而且常是牛头不对马嘴，引起同学们哄笑，被老师批评了又会觉得不好意思。每次作业和考试都能很快完成但高分不多，正确率上不去。

（2）胆汁型：体液中黄胆质占优势的人属于胆汁质，胆汁质的人犹如夏天一般，热情外露。其典型表现是精力充沛、脾气急躁，行为兴奋性高、容易冲动，心境也容易变化，具有外向性。特点是热心肠、反应快，但经常不注意遵守纪律，情绪难以控制，脾气较为暴躁，遇事常不去考虑就去做。

（3）黏液型：体液中粘液占优势的人属于黏液质，黏液质的人犹如冬天一样，安静庄重。其典型表现是安静，沉稳，心思细密，反应缓慢，优柔寡断，沉默寡言，显得庄重，坚忍，情绪不容外露，具有内向性。例如话不多，思维不是很灵活，但勤奋踏实肯学，遇事总是不慌不忙，有条不紊地进行，自觉努力。

（4）抑郁型：体液中黑胆汁占优势的人属于抑郁质，抑郁质的人犹如秋天，内心里的东西非常多。其典型表现是情绪体验深刻，孤僻，行动迟缓而不强烈，具有很高的感受性，善于觉察别人不容易觉察的细节，具有内向性。做事谨慎，认真，不慌不忙，但不是很合群。

当然，在实际生活中，大多数人是近乎某种气质，同时又具有其他气质类型的某些特点，都可以做出同样的成就，但是就学生的学习领域中来讲，无须讳言是存在所谓的优劣的。

## （三） 注意力的品质

注意力有四种品质，即注意的广度、注意的稳定性、注意的分配和注意的转移，这是衡量一个人注意力好坏的标志。

### 1. 注意的稳定性

指一个人在一定时间内，比较稳定地把注意集中于某一特定的对象与活动的能力。也就是听课质量；例如当孩子在听课时大部分时间处在"溜号"状态或者偶尔会出现"溜号"状态。导致孩子知识断点比较多，直接影响听课质量。

（1）狭义的注意稳定性

是指注意保持在同一对象上的时间。人在感知同一事物时，很难长时间地保持注意而不改变。例如，在听觉方面我们把一只表放在耳边，它的距离以能够隐隐约约听到表的嘀嗒声为好。这时，就会发现有的时候能够听到表的声音，有的时候又听不到表的声音；或者会感到表的声音一时强，一时弱。注意的这种周期性变化叫注意的起伏，也有的心理学家把它称为注意的动摇。为什么会出现注意的起伏？它是感觉器官对客观物体感受变化的结果。实验发现，人对听觉刺激的注意起伏间隔时间最长，对视觉刺激的注意起伏间隔时间次之，对触觉刺激的注意起伏间隔时间最短。

（2）广义的注意稳定性

广义的注意稳定性是指注意保持在同一种活动上的时间。它并不意味着注意总是指向同一对象，而是指当注意的对象和行动有所变化时，注意的总方向和总任务不变。学生上课的时候既要听教师讲课，又要记笔记，还要看黑板上的挂图或教师的实验等等。学生在课堂上的这些活动都服从于听课这一总的任务。因此，课堂上学生的注意是稳定的。

广义的注意稳定性与人的主体状态和对象的特点有很大的关系。人对所从事的活动的意义理解得越深刻，对活动有浓厚的兴趣和积极的态度等，都是保持稳定注意的重要条件。当人的身体健康、精力充沛、心情愉快的时候，容易保持稳定注意。同时，积极的思维活动也是保持注意稳定性的重要条件。在进行同一种活动的过程中，提出具体任务，并且积极地想办法去完成任务，使思维处于活跃状态，可以使注意长期稳定下来。

在主体积极性相等的条件下，对像活动的强度和持续的时间对注意的稳定性有显著的影响。提高刺激的强度和延长刺激的作用时间有助于保持注意的稳定性。在主体积极性相等的条件下，刺激物的复杂性和活动性对注意稳定性有显著影响。内容丰富多样而有变化的活动，容易引起持久的注意。一切贫乏、单调而无变化的活动都会迅速降低注意。在一定的范围内，注意的稳定性程度是伴随着注意对象的复杂的增加而提高，而过于复杂或过于单调的活动，也容易使人迅速出现疲劳的现象，因而也不利于注意的稳定。

## 2. 注意的广度

注意的广度也就是注意的范围有多大，它是指人们对于所注意的事物在一瞬间内清楚地觉察或认识的对象的数量。一个人的注意广度，可以因各种条件而变化。首先，刺激物的特点会影响人的注意广度，排成一行时注意广度就大，杂乱无章分散排列时，注意广度就小；字母的大小相同时，注意广度就大，大小不同时，注意广度就小等等。

总之，注意的对象越集中，排列得越有规律，越能成为互相联系的整体，注意广度就越大。其次，注意广度随着活动的任务和个人的知识经验不同而有所不同。例如，只要求知觉字母的数量就比要求指出哪个字母有错误时注意广度大。精通外文的人就比刚学外文的人阅读外文时的注意广度大。提高材料的意义性是扩大注意范围的有效方法。

研究表明，在一秒钟内，一般人可以注意到4—6 相互间联系的字母，5—7 个相互间没有联系的数字，3—4 个相互间没有联系的几何图形。注意力管理不是时间管理。目前，有一种错误的观念必须被纠正，否则，它将困扰我们。我们重复这个原则以示强调：注意力管理不是时间管理。我们知道，时间管理这个领域自20 世纪60 年代以来就一直很流行。

时间，就像注意力一样，是有限资源，而且一旦使用了就难以追回。目前大量的书籍、文章、个人时间安排表、手持日程器都说明了时间管理工具的普遍应用。这些工具强调了我们避免浪费时间的重要性。许多美国人，如果被迫丢下预期要完成的工作就会感到沮丧心烦，如果花时间放松自己就会有一种负罪感。而企业、经理和员工都在寻求提高效率，这需要的不仅仅是把时间分配给各项任务。效率是由取得的成效、怎样取得以及何时取得来定义的。

当然，不同的人具有不同的注意广度。一般来说，孩子的注意广度要比成年人小。但是，随着孩子的成长及不断地有意识训练，注意广度会不断得到提高。

### 3. 注意的分配性

　　注意的分配是指一个人在进行多种活动时能够把注意力平均分配于活动当中。比如，孩子能够一边看书，一边记录书中的精彩语言；你能够一边炒菜，一边听新闻。人的注意的分配能力是通过后天教育和培养而掌握的。注意的集中与分配二者本来是有矛盾的，但在一定的条件下又可以统一。人们能否在同一个时间里把注意分配到几种活动上，必须依靠一定的条件。

　　人对活动的熟练程度。在同时进行的两种或两种以上的活动中，必须有一种活动是已经熟练或自动化了的，而另一种活动则可以不熟练，这种情况下才不致于顾此失彼。要同时进行两种生疏和困难的活动则十分困难，甚至是不可能。在同时并进的两种活动中必须有一种熟练，不需要更多的注意，人们才能把注意的中心集中到比较生疏的活动上。这就是说，同时到达的两个信号在不超出人脑的加工容量的情况下。人才能对两者都做出反应。

　　另外，同时进行的几种活动之间的关系，如果同时进行的几种活动联系紧密，并且通过训练已经形成了反应系统，那么注意的分配就比较容易；如果同时进行的几种活动之间彼此不相联系，甚至互相排斥，并且较少训练，反应系统尚未形成，那么注意的分配就比较困难。例如，自己拉胡琴自己唱歌——自拉自唱，自己唱歌自己伴舞——边歌边舞，如果在拉琴和唱歌，唱歌和跳舞之间形成了系统，就有利于注意的分配。

　　在日常生活中，如果某几种活动经常重复，就会在这几种活动之间形成某种特定的反应系统，这些活动再次同时进行时，就容易形成注意的分配；如果几种活动较少重复，在它们之中不存在某种特定的反应系统，当这些活动同时进行时，注意分配就比较困难。这是因为注意分配的机制是由于某一活动的熟练和自动化，使大脑皮层相应区域兴奋与抑制的强弱能够自动调节，使注意的中心和其他兴奋点之间产生了相应的牢固的联系，从而把人的注意分配在两种活动以上。

再次，分配注意的技巧。同时进行的几项动作，如果能够巧妙地迅速更替，那么注意的分配就可以顺利地进行。例如，弹奏钢琴时，眼睛要注意曲谱，手指要在音键之间迅速地来回移动，如果经过练习掌握分配注意的技巧后，便可以加快弹奏的速度，演奏就会运用自如了。

人的注意力总是有限的，不可能什么东西都关注。如果要求自己什么都注意，那最终可能什么东西都注意不到。但是，在注意的目标熟悉或不是很复杂时，却可以同时注意一个或几个目标，并且不忽略任何一个目标。能否做到这一点，还和注意力能够持续的时间有关，所以要根据自己的实际能力，逐渐培养有效注意力的能力。

## 4. 注意的转移性

注意的转移是指一个人能够根据新的任务有意识、有计划、主动地、有目的地及时将注意从一个对象或者活动调整到另一个对象或者活动。注意的转移与注意的分散有本质的区别。

注意的转移是一种有目的、自觉的活动，它使一种活动合理地被另一种活动所代替，是一个人注意灵活性的表现。注意分散是由于受到无关刺激的干扰，使自己的注意离开了需要稳定注意的对象，而不自觉地转换到对完成工作有不良影响的无关活动上。注意的转移有一个过程。我们常常感到做一件事情的时候，开头非常困难，实际上就是注意力还没有完全从原先的活动转移到新的活动上来的一种表现。注意转移的难易程度和速度受到以下几个条件的制约：

（1）原来的活动吸引注意的强度

如果原来的活动是引人入胜的，有极大的吸引力，那么注意就难以转移；反之，注意就容易转移。例如，上一节是体育课，内容是足球比赛。下一节上数学课时，本来并不难算的数学题，有许多学生想着比赛的胜败，注意力不集中，所以出现错误的答案就比较多。

（2）新事物与人的关系

如果引起注意的新事物的意义更重要，更符合人的需要，那么注意的转移就迅速；反之，就不能顺利地实现转移。注意是根据目的和需要而转移的。

## 5. 人的神经过程的灵活性

注意转移的生理机制，是原有的兴奋中心被抑制和新的兴奋中心的建立。注意转移是否灵活，依赖于神经过程的灵活性，也就是依赖于兴奋与抑制交替的速度。神经过程灵活性大的人，就能在必要的情况下顺利地把自己的注意从一事物转向另一事物；神经过程灵活性较差的人，就不能很好地实现注意的转移。

　　评价一个人注意转移的能力主要有两个指标：一是转移的时间的数量和质量。注意的转移对学生们来说非常重要。许多比较复杂的工作都要求工作人员能够迅速及时地转移注意，并且能够有计划地组织注意转移的顺序，掌握注意转移的时机。一个人如果没有较好的注意分配和转移的品质，就很难适应社会发展的需要。所以在学校学习的时期就应当注重培养自己注意转移的能力。注意转移时刻伴随我们。大家每天都要上几门不同的课，还有实践课和各种课外活动。这就要求我们要有迅速、灵活的转移注意的能力，否则就会影响学习效果。这种能力只能在实践中培养。注意力转移的速度是思维灵活性的体现，也是快速加工信息形成判断的基本保证。例如，在孩子看完一个有趣的片子后，让隔壁的姐姐给孩子来讲解数学的解题思路，如果孩子能迅速地把注意力从片子中转到解题当中，孩子的注意转移性就不错。

　　注意力集中和转移注意力是一个事物的两个方面。孩子每天都在这两种状态下学习或生活，每天要上好多节课，每一节课的内容都有所不同。上语文课的时候全神贯注，上数学课时无法让注意力从语文课转移到数学课上，那么数学课的学习效果就会大打折扣。可见，对学生来说，学会转移注意力和注意力集中对提高学习成绩同样有益处。

## （四）培养注意，效率致胜

　　注意力的集中作为一种特殊的素质和能力，需要通过训练来获得。因此，当你因注意力无法集中而影响学习，倍感苦恼时，不妨采用以下方法来矫治、训练自己注意力、提高自己专心致志素质。

时时刻刻保持专注，这其实是个很大的误区，每个人都有自己的事情，都有自己的任务，就孩子来说，也是每个同学都有自己的学习任务，都有自己的兴趣点，都有着自己要做的事。根本不可能像自己那样时刻注意着别人的一言一行。很多时候是我们自己把自己想得太重要，就觉得别人都在注意自己，实际上根本不是这样。每个人的思维和注意力的方向都是不相同的，就算你出丑的时候别人看到了，可是没准别人当时心里想着别的事，压根没注意到呢。就算注意到了，每个人想法观点不同，未必就认为你出丑了呢。再说了即使众人注意你也没有什么可怕的，谁没有出错的时候？人无完人。

有的学者说"自我的感觉是臆想的一种形式。别人并不像你想象的那样都在注视着你。每个人都在忙自己的事情。记得这一点，你在他们面前便不会感觉不舒服了。"如果听任这种自我的感觉一直发展下去，形成两种极端的时候，就会严重影响大家的学习工作。

## 1. 摒弃自我怀疑和自卑感

在心理学中，自卑属于性格上的一个缺陷。自卑，即一个人对自己的能力、品质等作出偏低的评价，总觉得自己不如人，悲观失望、丧失信心等。就是感觉自己在某些方面不如别人，从而表现出社会交往时的一种羞怯不自在的苦恼心理。这种苦恼会极大地转移人的注意力，而且越敏感，对自己的注意力就越多，越多的注意力更增强自卑感，对人的注意力产生严重的影响。导致自卑心理的原因很复杂，有的人自卑心理的诱因是思想认识方面的，如对自己的期望不高，或者相反，期望过高，不切实际。

既然自卑极大地占据着我们的注意力，那么要想改善注意力，就需要调整自己的心理状态。改变自卑的症状其实是可以的，我们要一开始就不断刺激，然后是惯性思维不断加重。只要认识了自卑的根源，并反复地扭转不良惯性思维，使之形成良性惯性思维就可以了。

## 2. 不要感觉与众不同，形成自恋心态

这种类型的心理也容易导致人把自己的注意力过度地转移到自己身上来，从而对注意力形成极大的干扰。自我认可的、自我欣赏程度和自我关注以及虚拟中的别人对自己关注比自身实际情况差得太大的就叫"自恋"。因为自恋会极大地占据人的注意力，扭曲人的正常注意力，因此，要想改善注意力，也要改变这种心理状态。

总的来说，人的注意力与人格的方方面面都有关系，要想形成正常的心理和良好的注意力，无论是自卑还是自恋都是必须要避免的。孩子一旦产生了自恋心态，一般不容易纠正。所以对孩子从小教育培养，应以预防为主，对孩子适度的爱护和合理的教养。

过度消极自卑和过分自恋都是不可取的。我们要取长补短，培养我们的自信心。自信作为一种心理素质不可能写在每个人的脸上，不是说一看就知道是自信还是不自信的。要知道一个人是否自信，必须通过对其一贯的行为表现进行观察才能做出判断，自信行为的表现特征有以下几点：

（1）能明确表达自己的感受。例如，敢于拒绝他人过分的请

求，争取自己的权利，表达自己的愤怒，要求搅扰自己的人改变他们的行为。

（2）敢于表达自己。敢于表达不同的意见，不迷信权威，不人云亦云，承认自己与他人在观点上存在差异。

（3）能够承担责任，敢于面对自己的过失。承认自己犯了错误，虚心接受批评，谦逊好学，能够多学多问。

（4）不嫉妒别人，和大家友好相处。

能够发现别人的优点或成就，善于表扬他人，也能坦然接受他人的赞扬。

这些虽然不能准确地判断出一个人的性格以及内心活动，但基本上可以对一个人的自信状况做出评定。大家可以参照以上标准，如果与自己的情况很符合就说明自己是个自信的人；如果有一点不符就说明不够自信；如果有更多甚至完全不符就说明自信水平非常低。发现自己不够自信或自信水平很低，这就需要大家注意了。我们可以通过一些训练来提高我们的自信心。

第一，在一周的时间里，自己做几件比较漂亮的小事，并尝试自己表扬自己。（通过这个小小的练习，会使你增加乐观与自信，以积极的心态去面对身边的每一件事情。）

第二，在做好一件事情的基础上，回忆自己为完成这项工作所付出的心血。赞扬自己，告诉自己，你是一个英雄，完成了了不起的工作，充分发挥了自己的能力，等等。（这样你就会感到骄傲和自豪。）

第三，寻找你可以做的、合理和可接受的情况的事情。在完成事情的过程中锻炼自己。（这样你就可以改变现状，取得更大的进步。）在以后的时间里把这些训练重新多做几次，巩固以前所做的成效，努力养成避免消极自述的习惯。

每个人都有自己的缺点，也都有自己的长处。我们不要过于自卑和自恋。20世纪90年代初，西方流行一种"成功哲学"，基本观点是思想创造财富。中国人总是喜欢以"诗的语言"来表达科学的道理，使之有情有味。灵感，人在对某个问题长期思考后，思维达到饱和程度，恰如纵横交错但尚未理顺的"电路"，在潜意识的作用下，"电路"猛然耦合接通，问题也就迎刃而解。

八股文之所以被定为科举取仕的规定文体，当初它肯定是很优秀、很经典的，但长期固定下来，使之成为一种模板，就变成了有"八大罪状"的令人望而生厌的文体。在文字的宏观下，每个人都可以有自己的未来。大家都有文化、有文凭，面对的客观现状是一样的，都是一个写作、编辑目标，这是共性；而个性是立足的态势、激情、灵感。用心血写文章，必然产生悲美、壮美、形象美、抽象美。思想启迪，是智慧的钥匙。真正的财富，不是每个月的收入数字，而是一种思维方式。

基本概念和思想观点会改进思考问题的方式，并且搭起成功的舞台。最可悲的是明明有能力飞，但很少有人飞到高处。一旦认为自己毫无能力，生来就如丧家之犬，在精神方面就已经是个落败者。为了避免失败更应该怀有信念。希望是以想象的形态出现。要在心里怀有希望，将一切悲观的想法改变成积极的思想。"相信"会成为人们难以置信的伟大力量产生的根源。一切肯定性的要素都凝缩地隐藏在信念里。如果人的精神是积极思维，那么围绕他的世界也会积极行动。

根据"物以类聚"的法则，积极的结果必然会来到积极思维者的身边。同时这也是心理的法则，人生就是这样运转的。作为孩子，他们生活在学校和社会中，既需要通过学习来了解自己的不足和长处，也需要通过这种了解来改正自己的心理问题，这样既有利于学习，也有利于注意力的提高。因为没有那么多心理问题来分散注意力了，注意力自然就会比较集中。

## （五） 如何训练注意力

### 1. 养成良好的睡眠习惯

一些同学因工作学习负担重，因此，一到晚上便贪黑熬夜；有的同学不能按时睡眠，夜间看小说，打游戏。结果早晨不能按时起床，即便勉强起来，头脑也是昏沉沉的，一整天都打不起精神，无精打采的，必然效率低下。按时睡觉按时起床，养足精神，才能提高学习效率。

### 2. 学会自我减压

工作和学习已经很繁重，对自己更高的期望，又给心理加上一道法码；无异是自己给自己加压，必然不堪重负，变得疲惫、紧张和烦躁，心理上难得片刻宁静。因此，我们要学会自我减压，别把考试的成绩看得太重。和自己比较，有所长过就值得高兴。一分耕耘，一分收获，只要我们平日努力了，付出了，必然会有好的回报，又何必让忧虑占据心头，去自寻烦恼呢？

### 3. 做些放松训练

舒适地坐在椅子上或躺在床上，然后向身体的各部位传递休息的信息。先从左脚开始，使脚部肌肉绷紧，然后松驰，同时暗示它休息，随后命令脚脖子、小腿、膝盖、大腿，一直到躯干休息，之后，再从脚到躯干，然后从左右手放松到躯干。这时，再从躯干开始到颈部、到头部、脸部全部放松。这种放松训练的技术，需要反复练习才能较好地掌握，而一旦你掌握了这种技术，会使你在短短的几分钟内，达到轻松、平静的状态。

### 4. 集中注意力的训练

这里给大家介绍一种在心理学中用来锻炼注意力的小游戏。在一张有25个小方格的表中，将1~25的数字打乱顺序，填写在里面，然后以最快的速度从1数到25，要边读边指出，同时计时。

研究表明：7~8岁儿童按顺序导找每张图表上的数字的时间是30－50秒，平均40－42秒；正常成年人看一张图表的时间大约是25－30秒，有些人可以缩短到十几秒。你可以自己多制做几张这样的训练表，每天训练一遍，相信你的注意力水平一定会逐步提高。

### 5. 运用积极目标的力量

运用积极目标这种方法的含义是什么？就是当你给自己设定了一个要自觉提高自己注意力和专心能力的目标时，你就会发现，你在非常短的时间内，集中注意力这种能力有了迅速的发展和变化。

要在训练中完成这个进步。要有一个目标，就是从现在开始我比过去善于集中注意力。不论做任何事情，一旦进入，能够迅速地不受干扰。这是非常重要的。比如，你今天如果对自己有这个要求，我要在高度注意力集中的情况下，将这一讲的内容基本上一次都记忆下来。当你有了这样一个训练目标时，你的注意力本身就会高度集中，你就会排除干扰。

同学们知道，在军事上把兵力漫无目的地分散开，被敌人各个围歼，是败军之将。这与我们在学习、工作和事业中一样，将自己的精力漫无目标地散漫一片，永远是一个失败的人物。学会在需要的任何时候将自己的力量集中起来，注意力集中起来，这是一个成功者的天才品质。培养这种品质的第一个方法，是要有这样的目标。

## 6. 培养对专业素质的兴趣

有了这种兴趣，你们就会给自己设置很多训练的科目，训练的方式，训练的手段。你们就会在很短的时间内，甚至完全有可能通过自我训练，发现自己和书上所赞扬的那些大科学家、大思想家、大文学家、大政治家、大军事家一样，有了令人称赞的注意力集中的能力。

在休息和游戏中可以散漫自在，一旦开始做一件事情，如何迅速集中自己的注意力，这是一个才能。就像一个军事家迅速集中自己的兵力，在一个点上歼灭敌人，这是军事天才。我们知道，在军事上，要集中自己的兵力而不被敌人觉察，要战胜各种空间、地理、时间的困难，要战胜军队的疲劳状态，要调动方方面面的因素，需要各种集中兵力的具体手段。大家集中自己的精力，注意力，也要掌握各种各样的手段。这些都值得探讨，是很有意思的事情。

## 7. 要有攻克难关的自信

千万不要受自己和他人的不良暗示。自己总是觉得自己注意力不集中。自己家里人总是在说你，不要这样认为，因为这种状态可以改变。如果你现在比较善于集中注意力，那么，肯定那些天才的科学家、思想家、事业家、艺术家在这方面还有值得你学习的地方，你还有不及他们的差距，你就要想办法超过他们。对于绝大多数人，只要你有这个自信心，相信自己可以具备迅速提高注意力集中的能力，能够掌握专心这样一种方法，你就能具备这种素质。我们都是正常人、健康人，只要我们下定决心，不受干扰，排除干扰，我们肯定可以做到高度的注意力集中。希望大家对自己进行训练。经过这样的训练，能够发生一个飞跃。

## 8. 善于排除外界干扰

要在排除干扰中训练排除干扰的能力。毛泽东在年轻的时候为了训练自己注意力集中的能力，曾经给自己立下这样一个训练科目，到城门洞里、车水马龙之处读书。为了什么？就是为了训练自己的抗干扰能力。比如一些优秀的军事家在炮火连天的情况下，依然能够非常沉静地、注意力高度集中地在指挥中心判断战略战术的选择和取向。生死的危险就悬在头上，可是还要能够排除这种威胁对你的干扰，来判断军事上如何部署。这种抗拒环境干扰的能力，需要训练。

## 9. 善于排除内心的干扰

在这里要排除的不是环境的干扰，而是内心的干扰。环境可能很安静，周围的人都坐得很好，但是，自己内心可能有一种骚动，有一种干扰自己的情绪活动，有一种与这个学习不相关的兴奋。对各种各样的情绪活动，要善于将它们放下来，予以排除。这时候，大家要学会将自己的身体坐端正，将身体放松下来，将整个面部表情放松下来，也就是将内心各种情绪的干扰随同这个身体的放松都放到一边。常常内心的干扰比环境的干扰更严重。

大家可以想一下，在同样的听课上，为什么有的人能够始终注意力集中呢？为什么有的人注意力不能集中呢？除了有没有学习的目标、兴趣和自信之外，还有一个就是善于不善于排除自己内心的干扰。有的时候并不是周围的人在干扰你，而是你自己心头有各种各样浮光掠影的东西。要去除它们，这个能力是要训练的。如果你就是想浑浑噩噩、糊糊涂涂、庸庸俗俗过一生，乃至到了三十岁还要靠父母养活，或者你就是想混世一生，那你完全可以不训练这个。但是，如果你确实想做一个自己也很满意的现代人，就要具备这种事到临头能够集中自己注意力的素质和能力，善于在各种环境中不但能够排除环境的干扰，同时能够排除自己内心的干扰。

## 10. 把握好学习与休息的节奏

大家千万不要这样学习：我这一天就是复习功课，然后，从早晨开始就好像在复习功课，书一直在手边，但是效率很低，同时一会儿干干这个，一会儿干干那个。十二个小时就这样过去了，休息也没有休息好，玩也没玩好，学习也没有什么成效。或者，你一大早到公园背法规，坐了一个小时或两个小时，散散漫漫，说念也念了，说不念也跟没念差不多，没有记住多少东西。

这叫学习和休息、劳和逸的节奏不分明。正确的态度是要分明。那就是我从现在开始，集中一小时的精力，比如背诵这章的法规，看我能不能背诵下来。高度地集中注意力，尝试着一定把这些法规记下来。学习完了，再休息，再玩耍。当需要再次进入学习的时候，又能高度集中注意力。这叫张弛有道，大度一定要训练这个能力。

永远不要熬时间，永远不要折磨自己。一定要善于在短时间内一下把注意力集中，高效率地学习。要这样训练自己：安静的时候，像一棵树；行动的时候，像闪电雷霆；休息的时候，流水一样散漫；学习的时候，却像军事上实施进攻一样集中优势兵力。这样的训练才能使自己越来越具备注意力集中的能力。

## 11. 安静整洁的空间场所

这个方法，非常简单，当你在家中复习功课或学习时，要将书桌上与你此时学习内容无关的其他书籍、物品全部清走。在你的视野中，只有你现在要学习的科目。这种空间上的处理，是你训练自己注意力集中的最初阶段的一个必要手段。大家常常会发现这样生动的场面，你坐在桌子前，想学会计了，这儿有一张报纸，本来是垫在书底下的，上面有些新闻，你止不住就看开了，看了半天，才知道我是来学会计的。一张报纸就把你牵挂走了。或者本来你是要学习的，桌子一角的小电视还开着呢，看着看着，从会计王国出去了，到了张学友那儿了。这是完全可能的。甚至可能是一个小纸片，上面写着什么字，看着看着又想起一件事情。

所以，作为训练自己注意力的最初阶段，做一件事情之前，首先要清除书桌上全部无关的东西。然后，使自己迅速进入主题。如果你能够做到一分钟之内没有杂念，进入主题，你就了不起。如果你半分钟就能进入主题，就更了不起。如果你一坐在那里，十秒、五秒，当下就进入，那就是天才，那就是效率。有的人说，自己复习功课用了四个小时，其实那四个小时大多数在散漫中、低效率中度过，没有用。反之，你开始学习，一坐在那里，与此无关的全部内容置之脑外，这就是高效率。

## 12. 清理大脑，提高效率

收拾书桌是为了用视野中的清理集中自己的注意力，那么，你同时也可以清理自己的大脑。你经常收拾书桌，慢慢就会有一个形象的类比，觉得自己的大脑也像一个书桌一样。大脑是一个屏幕，那里面也堆放着很多东西，一上来，将在自己心头此时此刻浮光掠影活动的各种无关的情绪、思绪和信息收掉，在大脑中就留下你现在要进行的科目，就像收拾你的桌子一样。

这样的训练今天开始就要做，它并不困难。当你将思想中的所有杂念都去除的时候，一瞬间你就进入了专注的状态，你的大脑就充分调动起来，你才有才智，你才有发明，你才有创造，你才有观察的能力、记忆的能力、逻辑推理的能力和想象的能力。如果不是这样，你坐在那里，十分钟之内脑袋瓜里还是车水马龙，还是风马牛不相及，还是天南海北，那么这十分钟是被浪费掉的。再有十分钟，不是车水马龙了，但依然是熙熙攘攘的街道，又十分钟过去了。到最后学习开始了，难免三心二意，效率很低。这种状态我们以后不能再要了，要善于迅速进入自己专心的状态。

## 13. 全方位的感官训练

我们讲了清理自己的书桌，其实更广义说，我们可以进行视觉、听觉、感觉方方面面的类似训练。我们可以训练自己在视觉中一个时间内盯视一个目标，而不被其他的图像所转移。你们可以训练在一段时间内虽然有万千种声音，但是你们集中聆听一种声音。你们也可以在整个世界中只感觉太阳的存在或者只感觉月亮的存在，或者只感觉周围空气的温度。这种感觉上的专心训练是进行注意力训练的有用的技术手段。

## 14. 放过难点，提高信心

大家都会意识到，我们理解的事物、有兴趣的事物，当我们去探究它、观察它时，就比较容易集中注意力。比如说我喜欢经济法，法律课就比较容易集中注意力，因为我能理解，又比较有兴趣。反之，因为我不太喜欢财管，缺乏兴趣，对老师讲的课又缺乏足够的理解，就有可能注意力分散。

在这种情况下，我们就有了正反两个方面的对策。正的对策是，我们要利用自己的理解力、利用自己的兴趣集中自己的注意力。而对那些自己还缺乏理解、缺乏兴趣的事物，当我们必须研究它、学习它时，这就是一个特别艰难的训练了。

首先，听老师讲课的过程中，出现任何不理解的环节，你不要在这个环节上停留。这一点不懂，没关系，接着听老师往下讲课。你在研究一个事物的时候，这个问题你不太理解，不要紧，你接着往下研究。你读一本书的时候，这个点不太理解，你做了努力还不太理解，没关系，放下来，接着往下阅读。千万不要被前几页的难点挡住，对整本书望而止步。实际上，在你往下阅读的过程中可能会发现，后边大部分内容你都能理解。前边这几页你所谓不理解的东西，随着知识的扩充你慢慢也会理解。

如果你对这些内容还缺乏兴趣，而你有必要去研究它和学习它，那么，你就要这样想，兴趣是在学习、掌握和实践的过程中逐步培养。

## 15. 劳逸结合，张弛有度

灵敏、迅捷、举一反三，更好、更快、更完美地完成学习任务。古语说得好："张而不弛，文武弗能也。弛而不张，文武弗为也。一张一弛，文武之道也。"一个著名教育家说："教育最有价值的成果，就是培养了人们的自制能力，不管喜欢与否，只要需要就必须去做。"许多孩子上课不能认真听讲，无法集中注意力，很有可能是严重缺乏自我管理能力的表现，所以，父母培养孩子注意力的自我掌控能力就很有必要了，让孩子自己了解，休息是为了更好地学习，不要过度紧张，形成焦虑心理或畏难心理，降低了对学习的兴趣，要适当放松，自然也要适度紧张，这便是学习中的张弛有道。

## 16. 适当提速，集中注意

让孩子改掉精神上的"慢生活"因为泛都市化的生活节奏太快，越来越多时尚前沿的杂志开始流行所谓的"慢生活"，就是慢慢地吃饭，慢慢地散步，慢慢地享受光阴寸寸。这对于匆匆过往、追命逐到的都市人来说，无疑是一味良药，可以放松紧张的神经以体验生命的美丽。

但也不是所有的慢都值得赞美，如果精神上过度依赖这种"慢生活"，就会培养出不喜竞争，对安逸缓慢有强烈嗜好的习惯为自己拖延成性找借口的习惯。表现在孩子的身上，你就会发现，他不喜欢做难题，回家后不愿意直接做作业，必须找自己喜欢的事情磨蹭一会儿，例如看一会儿电视，吃点儿零食，玩玩宠物。做作业的时候又不能全神贯注投入，总要拿出一部分精力玩点别的东西，例如边听音乐边学习，边聊天边学习。

总之一句话，这种孩子不喜欢全力以赴地做一件事，因为他觉得这样很累，他已经习惯了散散漫漫、毫无压力的状态。要改掉孩子精神懒惰的坏习惯，就要训练他的注意力，让他逐渐接受并适应那种全身心投入的状态，摆脱掉集中精神会很累的错误观念，重新塑造一种百分百投入激情，昂扬、痛快的精神状态。

## 17. 高效率处理诸多问题

培养孩子同时应付多件事情的能力有的孩子在生活中做事很有条理，先做什么后做什么，可谓井井有条，不慌不忙。有的孩子则不然，事情一多，就表现得手忙脚乱，六神无主，不知道先做什么好，只得这样做一点，那样做一点，结果什么也没做完。能够合理安排自己的精力，是孩子在成长阶段要学习的一项重要课程，只有在该课程中拿到高分的孩子，才能在有限的时间内做好不同的事情，并且做任何一项事情时都能做到聚精会神。

如果我们把时间向前推 20 ~ 30 年，就会发现，那时的很多孩子写作业的时候通常还要照看弟弟妹妹，或者同时要看着锅做着饭，虽然学习条件不好，但并没有影响他们成为社会中最优秀的人。因为这种学习环境恰恰锻炼了他们的统筹能力，并让他们深刻懂得学习机会之可贵。现在一般家庭条件都很好，孩子除了学习什么负担都没有，反而使他们散漫、自我、执拗，统筹和条理能力差，这是很可怕的。

试想，如果在小事情上不懂得计划安排、集中精神，那么在人生大事上，又怎么能分清轻重主次？把自己的精力无限分割，结果只能一败涂地。所以，从小培养孩子集中精神一件一件安排、完成多项事物，是做父母的重要职责。

## 18. 积极目标，提高信心

帮助孩子设定积极的目标。二战期间，从奥斯维辛集中营活下来的人不到5%，这是一个异常残酷的数字。根据有过亲身经历的犹太心理学家弗兰克研究，这5%的幸存者身上都拥有一种共同的特质——从未放弃生活，怀抱积极目标。他们想活，想要和爱人重逢，所以他们战胜一切困难，真的活了下来。所以说，拥有一个积极的目标，可以让人在任何艰难环境和看似不可完成的任务面前保持斗志，集中注意力战胜困难。

事实上，我们都有这样的体验：小时候放寒暑假，总是疯玩，作业本来不多，每天做一点也就做完了，但由于玩得太尽兴，放到一边了。到最后几天打算集中攻坚的时候，才发现作业这么多，根本做不完，于是最后干脆到学校抄同学的。其实，就算只剩最后那几天，如果集中精神认真做也还是可以做完的，只不过精神上已经被那个看似异常庞大的任务给打垮了，没有战斗之心如何取得胜利？这跟案例中小朋友的情况是一种状态，因为心理上首先暗示自己不行，所以听老师讲难点重点时，精神就天马行空，不知云游何方了。反正都不会嘛，干吗还听？这是此时内心的潜台词。

如何打破这种心理障碍，让孩子总能集中精神呢？可以借鉴"流水线理论"。大家都知道流水线作业，所有的东西都是一件一件从滚动带传送过来的。以做玩具为例，把一个工人带到一千个娃娃堆起的小山面前，告诉他今天要在多少小时内给它们缝上眼睛，他会崩溃。相反，如果让他站在流水线边，每次只过来一个娃娃，那他就会埋头一个接着一个专注地缝下去，结果一天下来他很可能缝了超过一千个。"流水线理论"的核心点就是把任务进行小份切割，设定一个不太费力便可达到的小目标，然后在这个积极目标鼓舞之下，大脑就会全心全意并非常快乐地去工作。放在孩子身上，妈妈应当注意培养他们一种自己设定积极目标的能力。让孩子养成集中精神将困难个个击破的好习惯。

比如，要做三张试卷，那就分成三份，在三天内完成，这样每天保证完成一部分，循序渐进，就可以最终达成目标。而不是一下子被作业压垮，干脆抗拒或罢工。第三，随时让孩子给自己制订积极小目标这样做可以让孩子灵活地调配自己的注意力，比如：背诵一篇课文，先背熟第一段；学一个解题方法，先学会前两步；考试，先将成绩超过同桌等等，这些小目标会时刻鼓舞孩子全神贯注地投入到学习当中，追求自己的成就感，自然而然避免了分神、开小差这些事情。

## 19. 一次制定一个目标

避免一天安排太多事情某个电视节目采访某门户网站 CEO，该 CEO 在谈到自己日理万机的工作和丰富异第的生活时，宣称自己每天要看两本书。其实，他说看十本也无妨，走马观花地看，书仍旧是书，你仍旧是你而已。当然，CEO 的生活节奏快，为国家 GDP 贡献多，恨不能一天生出 25 小时，这是正常的。孩子们则不然，如果 24 小时还嫌不够，非要安排 25 小时才能完成的事情，结果如何就毫无悬念了。最忙的人未必是效率最高的人，反之，让一个人降低效率的方法之一就是让他疲于奔命地忙起来。

当一个人在有限时间内面对多件事情时，就会由于紧张、分神等原因而不能集中精力，所以十道再简单不过的几何题将柯蒂斯彻底击败。同样的道理，如果孩子们贪多求全，喜欢给自己安排过多的事情，就会一件事情都做不好。鲁迅先生曾经告诫过青年人：与其每天做一百件事情，不如把一件事情做好。这不仅是来自前辈的教导，更是出自智慧的结论。一天安排多少事情才合适呢？谁也无法给出一个黄金公式，但需要记住一个原则：绝对不要妄想把一分钟掰成 5 分钟来使用。这句话的意思是说，如果孩子想把整个暑假的作业都放在一天完成，或者把一天的功课放在临睡前的一刻钟完成，除了粗制滥造，别无他法。

当然，如果孩子有给自己生活做计划的习惯，非常值得赞美。帮助孩子学会自我管理，而不是直接去管理孩子。所以，父母只需要让孩子掌握一些技巧就可以了，这些技巧包括下面的内容：首先，计划内容不能过多，给每件事情留出充足时间，并预留一部分应对突发事件的时间，这是保证计划得以完成的重点。其次，掌握劳逸结合的原则，科学使用大脑。

## 20. 全神贯注，一目十行

一目十行，过目成诵是很多优秀人物共同具有的一个特点，例如，中国古代张衡就有"一览便知"的本领，《后汉书·张衡传》描写说："吾虽一览，犹能识之。"这并不是说这些人拥有特异功能，而是他们在阅读时能够集中全部注意力，百分百投入，这也就是传说当中的"全脑阅读"。

当然，事物都是相辅相成的，全神贯注能够提升阅读效率，而阅读也可以反过来提升注意力的集中程度，毛泽东少年时代通过闹市读书的方法来训练自己的注意力正是这个道理。但是很多家长会抱怨说，孩子们不喜欢读书，对于他们来说那是天底下最枯燥乏味的事情！这真是天下第一谬误，当我们看到处于经济危机中的俄罗斯市民每人捧着一本书在超市里排起长龙等待购买廉价生活用品的时候，你就会明白读书对国民素质的影响力。

电影《2012》中有一个细节，地质学博士说到自己小时候，爸爸总是出差，临走时就买一堆书丢给儿子读，并每天打电话回来考儿子，如果儿子通过考核后就能得到一个甜筒冰淇淋。所以，不要拿那些工作忙的理由来搪塞孩子，即使父母身在千里之外，也同样可以用分享阅读的方式锻炼孩子的注意力。这，才是伟大而不乏智慧的爱。如何让孩子们在读书过程中获得注意力提升，家长可借鉴的方式如下：

方式一：复述游戏。陪孩子一起阅读故事，完毕后复述故事的内容，细节复述得越详细，证明读书时注意力集中的程度越高。开始孩子可能只能复述支离破碎的情节，慢慢就可以绘声绘色讲一个故事了，这就是注意力提升的表现。

方式二：提问游戏。玩过复述游戏后，家长还可以针对故事内容提一些刁钻但并不讨厌的问题，例如某个人物出场时是否戴了帽子之类。其实这跟课堂提问在本质上是一个把戏，但如果家长用玩耍的方式进行，效果通常会有天壤之别。

方式三：干扰游戏。爸爸和孩子可以同时读两本不同的书，在读的过程中，看谁更容易受干扰出错，妈妈负责记录。出错多的一方当然注意力表现不好，久而久之，孩子注意力的抗干扰能力就会有明显提升。能够让孩子边玩边学习是再好不过的事情。要知道，生活中有很多美好的东西，书是其中必不可少的一部分，能够让孩子快乐地去阅读，本身就是巨大的成功，而阅读对注意力的提升，自然而然将成为这一快乐行为的产物。

至于读什么，这是个无须讨论的问题。需要读的东西太多了，人类创造的文明已经到了一个人用尽一生都无法读完的程度，因此，不要假装博学地为孩子列出一长串书单，事实上，教会他认真读懂一本书比走马观花看 100 本书要聪明得多。人类进入 21 世纪之后，还能神定气闲专注看书的人并不多了，我们不应该只为提升注意力而去阅读，我们同时也要让孩子们认识到阅读对于生活的真正意义。一个叫吉姆·崔利思的美国人曾经写过一个简短的阅读定律，包括：你读得越多，你就知道得越多；你知道得越多，你就越聪明；你越聪明，你在学校学习的时间就越长；你学习的时间越长，你获得的文凭就越多、越高；你获得的文凭越多、越高，你工作的时间就越长。

在同一时间内所能清楚把握对象的数量，即一眼看到更多的东西，并且能够熟记于心。一个注意广度比较高的孩子，在考试中的答题速度就会比普通孩子快，正确率高。所以，很多母亲把注意广度作为孩子注意力训练的重要内容之一。本节所介绍的"橱窗训练法"，正是注意广度训练的一个经典方法。所谓的"橱窗训练法"，就是让孩子们站在橱窗面前快速地看 15～30 秒钟后，转身说出橱窗里所摆设的商品。

这个训练方法最早是由斯托纳夫人与女儿小维尼弗里德所做的一个游戏，每当散步或者购物经过橱窗的时候，母女俩儿就会站在橱窗前玩这个游戏，橱窗里不断变换的商品总能提供一些意外的乐趣，并让小女儿乐此不疲。经过这样的训练，父母们就会发现孩子能够在短时间内记住扫视过的很多东西，或者说能够最大化地记忆出现在视野中的一切事物，包括很多细节。这是注意力高度集中的表现。

运用在学习上，这种品质会让孩子能够比较全面地思考问题，不像普通孩子那样容易出现遗漏，而且反应迅速，灵敏。这个游戏要求孩子在观察时，能够迅速地注意到多个物品，从而锻炼孩子注意的广度，进而提高注意力。家长们需要注意的是，玩这个游戏要根据孩子的年龄及个体差异来掌握呈现物品的多少、观察时间的长短和拿走物品的多少，年龄大点的孩子可以提高难度，小一些的孩子则适当降低难度，以保护他们游戏的积极性。此外，家长们要鼓励孩子多参加一些能够提高注意广度的活动。

①干扰性训练法。

注意力不佳往往是主体抗干扰能力较差的结果，为此，可以用有意识地让孩子在外界干扰环境下学习的方法来进行训练，比如，给孩子放电台的节目、让孩子看电视等，或者可以模仿毛主席的做法，定时地在家附近的闹市学习一会儿。受训孩子在这种环境下阅读课文，进行定量作业练习。干扰学习的音量、持续时间、训练次数的安排以及学习材料的内容应遵循从小到大、从短到长、从少到多、从易到难的原则。

久而久之，孩子可能对这些原本干扰自己学习的声音就会熟视无睹，不再有反应。

②圈数训练法。

圈数字训练，是指从一组数字中用圆圈圈起某一指定数字，通过由浅入深的多次练习，借以提高注意力。其中一种可以是这个样子的，比如，家长精心设计一组数字，在这几十个数字中，设置几组连续的数字。

然后随意杂乱排列，再让孩子在规定的时间内从这里面找出一组比如三个或者四个连续的数字出来，如果能在 30 秒之内找出来就说明注意力不错，等等。

## 21．良好环境自己打造

环境对学习的重要性不言而喻，没有一个安静的环境，思维无法集中，想到这个问题的时候别人打个岔，你忘了，好不容易再次集中起来的时候再来一阵吆喝声，思路又被打断。这样子是不行的。在我们的日常生活里，也有许多像孟母一样，为了自己的儿女有个好的学习环境，不知道搬了几次家，不过，作为孩子，要一心想学的话，应该尽量为自己寻找安静的空间，自己为自己创造条件。

好环境也是自己创造出来的。这个方法，非常简单，在家中学习的时候，无论是写作业还是复习功课，都要将书桌上包括书房里与学习无关的东西全部拿走。而且要尽量收拾整洁，这样在学习过程中，偶尔抬头的时候就不会被各种物品影响心情，分散注意力。这种做法是训练注意力的初级阶段。

初级阶段，因为注意力集中还没有达到一定的水平，因此，需要借助外界环境来帮助自己集中。不然的话，可以想象，坐在书桌前面，稍有困倦的时候，一抬头，看见一本杂志，于是拿起来翻一翻，结果一看入了迷，学习就忘了。这儿有一张报纸，随便看了一眼，结果发现内容还挺感兴趣的，那先看完再说吧。或者写字的时候书桌乱七八糟，一会儿碰到这个东西，一会儿那个东西又影响了，很快注意力就会被分散。于是就看起来，完全忘了原来自己是要做数学题的。或者本来你是要学习的，桌子一角的小电视还开着呢，随便瞄一眼，瞄一眼完了再瞄第二眼，看着看着就进入电视中了。这是完全可能的。

所以，在最初对不甚集中的注意力进行训练的时候，做一件事情之前，首先要清理环境，把一切可能会导致注意力分散的东西都移走。然后，使自己迅速进入主题。久而久之，进入主题所需要的时间就会越来越短，注意力就会越来越好。

此外，自己居住的环境里面如果有人大声喧哗的话，最直接的做法就是去和他们说，告诉他们不要说话了。这样如果可行的话也不失为一种好办法。但是上面这个办法，有时可能不好使，因为你不能管住所有人，而且一旦言语不和吵起架来什么的，反而更加分散注意力。所以你最好就是去适应这种环境。你试着能在嘈杂的环境中去学习，心能平静下来，能专注下来就最好。你可以在饭堂、或者听着音乐去专注地写一样东西。这样久了就别说那种小声音，大声音你也不怕。

如果说收拾书桌是为了收拾出一个安静的不受打扰的环境，那么接下来的一步就是清理自己的大脑，把大脑中与目前要做的事情无关的所有思绪都清理掉。这样也没有什么可以引起注意力分散的东西了。

## （六） 注意力涣散的危害

注意力不集中，即所谓的不专心，是一个在学生中十分普遍的现象，也是最困扰我们家长关注青少年注意力状况的重要问题之一。其表现形式多种多样，归纳一下，主要有：

1. 好动，坐不住。

2. 无精打采，心不在焉，或者想入非非，老走神。

3. 粗心，马虎，差错多。

4. 拖沓，磨蹭。

5. 一心多用，有始无终，学习、做事质量低，效率不高。

6. 严重的可能就是 ADD——注意力失调症，或者是感觉统合失调症。

需要提醒的是，如果孩子的注意力不集中情况不是很严重的话，家长不要轻易对孩子说他患有什么病。否则，处置不当可能会造成更多的负面影响。

7. 容易分心：不能专心做一件事，注意力很难集中，做事常有始无终。

8. 学习困难：上课不专心听讲，易走神，学习成绩不稳定，健忘、厌学，作业、考试中经常因马虎大意而出错。

9. 活动过多：在任何场合下都无法安静，手脚不停或不断插嘴、干扰大人的活动，平时走路急促，经常无目的乱闯乱跑，不听劝阻。

10. 冲动任性：情绪不稳定，易变化，常常不假思索就得出结论，行为不顾忌后果。

11. 自控力差：不遵守规章秩序，不听老师、家长的指示，做事乱无章法，随心所欲随随便便，无法专注，不能与别人很好合作，容易与他人发生冲突。

12. 人际关系紧张：

（1）与同学朋友难以共享物品或难以依顺序等待，容易与他人产生冲突或打架，出现暴力倾向，难以与同学形成正常的朋友关系；

（2）不听从爸爸妈妈或老师的话，通常反复使家长经历挫折与愤怒；达到自己的目的。

（3）轻易打断别人谈话，不加思索的响应；或是无法按照社会要求控制自己的行为；

（4）容易错误理解、轻视或疏忽别人传递讯息的真实含义，致使人缘不佳；

（5）很容易被众多新鲜的刺激所吸引，抗诱惑和干扰的能力差，他们往往无法遵守规范和指令，难以适应集体生活和社会；

（6）人际关系的恶化往往会影响到孩子的情绪健康和人格健康，处理不当，甚至产生严重的心理问题；

13. 学校纪律难约束：

（1）因缺乏自我抑制（冲动）能力，各种行为问题会逐渐增加，语言和行为有冲动性，部分儿童具有高攻击性；

（2）当受到压力时，会更无法掌控抑制能力，过激行为更加严重；

（3）无法同时记住数个指令，思路呈跳跃式，常出现做错或漏掉等情况；

（4）上课时小动作多，如玩铅笔，玩橡皮，抠这抠那，玩课本撕书等，易导致课堂上违规、违纪等情形，有旷课、逃学的倾向；

14．学习成绩差：

（1）注意力集中时间比其他孩子短，而且容易分心散漫；

（2）回答不切实际的答案，无法形容事情的来龙去脉；

（3）由于课业内容已提高至相当的水平，无法跟上学习进度，成绩逐渐下滑；

（4）上课难以集中注意力，对授课内容一知半解。作业拖沓、学习时易走神、发呆、被无关事情吸引，导致学习费时、效率低下；

（5）即使考试前书念得很熟，考试时却会因分神而记不起来或写错等，严重影响学习和考试成绩；

（6）办事时总是丢三落四，如经常忘记学习用品放在哪里，学习容易半途而废；

15．自理自立能力差：

（1）无法完成有结构性或有目标的活动，如家务、作业等；

（2）有时在无特别原因的情况下，会有非常愤怒的倾向；

（3）自我整理、打理能力差，常有脏乱现象；

（4）缺乏组织能力，无法作好整理、整顿的工作；

（5）有些儿童肌肉运动技术发达正常，但在语言能力、画图、使用剪刀等要求协调性的活动较落后；

（6）持续睡眠问题（睡眠中时常醒来，不规则的睡眠习惯）；

（7）因为注意力不集中，因盲目的玩耍方式或行为在运动和生活中容易受伤；

16．自信心不足：

（1）在过重的学业要求与升学的高压力下，注意力不足、多动的学生很容易被定位为问题青少年，同时本人也因无法充分地发挥本身的能力，而失去对学业的兴趣；

（2）由于自信心不够强，常常会引起各种问题与行为，最后会感到被孤立；因长期地环境不适应而经历挫折，失去自信、感到自卑；

# 第五章　想象力和判断力

## （一）想象力概述

想象力是人在已有形象的基础上，在头脑中创造出新形象的能力。比如当你说起汽车，我马上就想象出各种各样的汽车形象来就是这个道理。因此，想象一般是在掌握一定的知识面的基础上完成的。想象力是在你头脑中创造一个念头或思想画面的能力。

首先要积累丰富的知识和生存经验；其次要保持和发展自己的好奇心；再次，应善于捕捉创造性想象和创造性思维的产物，进行思维加工，使之变成有价值的成果。还有，你如果想要把想象力发挥的淋漓尽致的话，那么你就像个孩子一样去观察这个世界。

如何提高想象力是非常有必要的，它会表现在生活中的方方面面，甚至关系到成功！最基础的肯定是多看、多思考，但还有更高的要求。想象力是人不可缺少的一种智能，是人的生活中不可缺少的智慧。哲学家狄德罗说，"想象，这是一种特质。没有它，一个既不能成为诗人，也不能成为哲学家、有思想的人、一个有理性的生物、一个真正的人。"

不久前，教育进展国际评估组织对全球 21 个国家进行的调查显示，中国孩子的计算能力排名世界第一，想象力却排名倒数第一，创造力排名倒数第五。同时，美国一个权威咨询机构调查结果表明：孩子 1 岁时，想象力、创造力高达 96%，可这种情况在 7 岁上学以后发生逆转。到 10 岁时，孩子丰富的想象力、创造力只剩下 4%。

## （二） 想象力培养

### 1. 丰富孩子的生活经验，发展孩子的想象

想象是在孩子大量的生活经验基础上积累起来的。别人说"苹果"，你的头脑中会浮现出一个"苹果"的具体形象，这个形象就是表象。正是依靠表象的积累，孩子的想象才逐渐发展起来。我们要帮助孩子积累的生活经验正是帮助孩子在头脑中建立表象的过程，孩子表象的积累越多，就越容易将相关的表象联系起来，这也就是想象发展的过程。在学前阶段，我们鼓励父母经常要带孩子走向大自然，与社会接触，目的就是让孩子有机会丰富生活经验，在头脑中留下更多的表象，为想象的发展打下基础。

### 2. 给孩子提供适合的环境，激发孩子想象的欲望

除了带孩子外出，在家中也要给孩子一个良好的环境，会帮助孩子想象力的发展。给孩子合适的图书，和孩子一起分一享故事描

述的情景，和孩子一起想象情节的变化，鼓励孩子想一想结局怎样，都是帮助孩子想象发展的好办法。

读故事书时，改变一下读的方法，读一读，停一停，想一想，给孩子一个吸收和连接已有经验的时间。此外，和孩子一起游戏也是鼓励孩子想象的大好时机，女孩子爱玩的"过家家"，男孩子爱玩的搭积木，都是孩子想象力发展的机会。不只是提供玩具，还要和孩子一起玩，在游戏的过程中和孩子一起想象，"你今天给娃娃做什么饭呀？…"我们上次去动物园，你还记得吗？我们给大象搭一个家吧？"……

### 3. 给孩子轻松的氛围，鼓励孩子表达自己的想象

孩子将想的说出来也是一个过程，他不但是将生活经验梳理的过程，也是将经验在头脑中组织、整理后表达的过程。我们不仅要鼓励孩子大胆地想，还要鼓励孩子大胆地说，像前面提到的例子中，孩子想的就当成真的说出来时，我们不能简单地一句"瞎说"就将孩子打发掉，而是应该仔细地问问孩子到底是怎么回事，是想的，还是真的，帮助孩子分清哪些是想象，哪些是真像？对孩子提出的问题尽量地鼓励他："你想想为什么？""你想会是什么样呢？"

### 4. 鼓励孩子大胆想象，引导孩子合理地幻想

幻想是想象的一个更高的层次，是一种合理的想象，在学前期和小学初期，孩子的幻想也是在从远离现实的幻想到接近现实的幻想发展的过程。如孩子喜欢"奥运会"吉祥物，就进而幻想，开奥

运会的时候，我怎样与奥运会吉祥物见面？这就是一个合理的想象，也就是幻想的过程。还可以引导孩子想象一下未来的交通会是什么样，未来的环境会是什么样？合理的幻想正是创造的开始，也是想象的一个最高境界。

## 5. 临摹仿效想象力的培养、模仿往往是第一步

正如你临摹字帖，天长日久就可以写好字。模仿是一种再造想象。通过模仿，你可以抓住事物的外部和内部特点。模仿决不是无意识地抄袭，而是把眼前和过去的东西通过自己的头脑再造出来。与创造相比，模仿是一种低级的学习方法，但是创造总是从模仿开始的。有人说，模仿对于儿童来说如独立创造一样重要。古今中外有许多有成就的人物，在开始时都是从模仿中获益的，然后再在前人的基础上加以创新，走出自己的新路。

## 6. 丰富的知识经验

发展想象力的基础是丰富的知识和经验，没有知识和经验的想象只能是毫无根据的空想，或者是漫无边际的胡思乱想。扎根在知识经验上的想象，才能闪耀思想的火花。经验越丰富、知识越渊博，想象力的驰骋面就越广阔。

这里所说的广博知识，除了专业知识和与专业知识相关的科学知识之外，还要有广泛的兴趣，特别是阅读文学书籍。文学艺术对培养和提高想象力有非常大的作用，因为它们的表现方式是最为形象生动的。文学和艺术作品是想象的学校。一方面，文学艺术作品

可以提供丰富的形象，特别是典型形象；另一方面，欣赏艺术和阅读文学作品又要求人们必须展开想象的翅膀。于是在运用想象的过程中，自然也就发展了想象力。

生活经验的多寡，直接影响到想象的深度和广度。丰富的生活经验是提高人们想象力的重要前提。因此，我们应当广泛地接触、观察、体验生活，并有意地在生活中捕捉形象，积累表象，为培养想象力创造良好的条件。

## 7. 培养发现问题、提出问题的优良心理

品质巴尔扎克曾说过："打开一切科学的钥匙都毫无异议地是问号，我们大部分的伟大发现应该都归功于'如何'，而生活的智慧大概就在于逢事都要问个为什么。"

敢于发现问题、善于发现问题和敢于提出问题，是一种极有价值的智力素质，这里包括观察、好奇、怀疑、爱问、追问等等。对于青少年来说，观察怀疑、想象思考以及永不满足的好奇心所产生的种种追求，可以引导他们去选择新的目标，连续进行学习和研究。

## 8. 参加创造活动

创造活动特别需要想象，想象也离不开创造活动，因此，积极参加各种创造活动，是培养想象，特别是创造想象最有效的途径之一。

## 9.　培养正确幻想

幻想是青少年的一种宝贵品质。但一个人必须把幻想和现实结合起来，并且积极地投入实际行动，以免幻想变成永远脱离现实的空想。同时，一个人还应当把幻想同良好愿望，和崇高理想结合起来，并及时纠正那些不切实际的幻想和不良愿望等等。

同学们的想象特点是大胆、无拘无束，因为有着强烈的好奇心和很容易被激发的求知欲，好学、好问、好幻想。中学时是创造力的萌芽时期，也是决定一个人想象力好坏的关键时期。中学生朋友对周围世界有强烈的好奇心和浓厚的兴趣，特别富于幻想。鲁迅说："孩子是可敬佩的，他常想到星月以上的境界，想到地面下的情形，想到花卉的用处，想到昆虫的语言；他想飞到天空，他想潜入蚁穴。"因此，要抓住一切机会，扩大自己的视野，多参加各种课外活动，多读书，丰富自己的想象力。

判断，对任何人来说都是重要的。准确地判断，有利于我们掌握事物的发展趋势，并做出正确决策。当我们对自己的生活、工作、学习等各方面的事情都有了准确的判断后，我们就如同多了二郎神一样的慧眼，会透过一切扑朔迷离的迷雾，清晰地看到事物的真实本质。并因此而做到明察秋毫，运筹帷幄！要想保持孩子丰富的想象力，家长应有意识地从生活中的小事对孩子进行训练，从小对孩子进行训练。

## 10. 让孩子做生活的主人，手和脚动起来

手脚的每一条神经都与大脑连接、受大脑支配，而手脚不同的动作又可促进大脑的发育。研究表明，勤于动手的孩子更富创造性和想象力。生活中，孩子的事情让他自己做，家长不要自作主张地为了节约时间让孩子学习、写作业，而把应该由孩子自己做的家务活包揽下来。让他自己收拾文具、床铺、卧室，自己洗袜子、内衣，自己背书包等等。要知道，孩子在动手做事时，脑子也在动呢。

当孩子能够自己用手拿勺子的时候，就培养他自主吃饭，大人不要再喂了；让他享受步行、奔跑、识途、记路、冒险走新路的乐趣，即使你有车，也不要让四个轮子成为孩子的"腿"；让他接触使用各种大人用的工具，比如家里的工具箱、钳子、螺丝刀、扳手、锤子、剪刀等。椅子的螺丝松了，试着让四五岁的孩子去紧紧；组装的小家具，让他自主去试试；需要烧水时，让孩子试着打开煤气灶。

## 11. 让孩子尽量体验各种感觉

孩子每天更多地生活在视觉的世界里，对其他感觉缺乏体验和锻炼，触觉、视觉、听觉、嗅觉、味觉、灵感对想象力和创造力同等重要。不妨让孩子戴上眼罩，依靠听觉、触觉等感觉世界。闭着眼睛听故事，肯定会和睁着眼睛有不同的感觉。

音乐可以激发孩子的想象力，尤其是没有歌词的音乐。你可以

和孩子讨论听到了什么、感受到了什么，是鸟语花香，还是狂风暴雨？是宇宙漫步，还是时空穿越？这是对孩子听觉想象力的锻炼。

现在的图画书丰富多彩，让人目不暇接。但孩子多是被动地"看"，却很少思考。你可以让孩子想一想，如果让他来画，这幅画会有什么不同？会增加什么形象、变换什么色彩？

## 12. 经常和孩子一起做想象力拓展的游戏

可由生活中一件具体的物品来展开。比如：喝完饮料的瓶子还能做什么用？能当球踢吗？能做擀面杖吗？透过玻璃瓶看字会缩小还是变大？

也可以多让孩子做假设，展开联想和想象。比如：假如我是一粒种子，怎样才能发芽？会怎样发芽？发芽后是什么样的？能用肢体比划出来吗？

闲暇时，家长不妨和孩子来个"吹牛"比赛，比如"嘴大——上嘴唇接着天，下嘴唇贴着地"之类；还可以讨论或运用有夸张意味的成语，如"胆大包天"——这个天怎么包？

## 13. 阅读与想象

阅读是由连续的、富有形象性和逻辑性意义的组合，可以促使大脑主动去进行富有想象力的创造性思维，因此阅读是培养想象力的土壤。

引导孩子多看一些童话、神话、科学幻想，孩子稍大后（能够分清幻想与现实的区别）可以看科学发明等图书和文章，在阅读中培养想象力。

让孩子成为"故事大王",续编或改编故事。当故事讲完开头或讲到一半的时候,家长不妨停下来,让孩子展开自己的想象,为故事编写不同的情节和结尾,过一把"作家"瘾。

## (三) 想象力训练

那么成人怎样提高自己的想象力呢?为大家介绍几种提高成人想象力的方法:

### 1. 要积累渊博的学识和丰富的经验

想象无非是对已有的知识、表象和经验进行改造、重新组合、创造新形象。因此头脑中储存的表象、经验和知识愈多,就愈容易产生想象。一个孤陋寡闻的人是很难经常产生奇想的。

### 2. 要善于把不同种类的表象加以重新组合以形成新的形象

积极思考创造成功由于生活经验的影响,在思考和解决问题时,都或多或少受头脑中一些"老框框"的影响。这里所说"老框框",指过去形成的一些习惯了的思路、模式、方法或某些较固定的看法。概括地说,就是由于以往的经验所形成的一种心理准备状态或倾向。在心理学上叫思维定势。在思考和解决问题时,这种思维定势有时有利，有时有弊。因此对其起作用的规律有一定的认识对思考和解决问题是有现实意义的。

一般讲来，当所遇到的问题情景与所形成的定势一致时，就有利于问题的解决。这时，由于过去的老经验，在解决问题时，犹如轻车熟路，思路显得很流畅，问题解决得迅速而容易。例如，学生在学了一个定理，并做了大量的有关例题和练习之后，考试中再遇到这类问题，一看就知道应怎样解答。在另一种情况下，当所遇到的问题情景与所形成的定势不一致时，定势就会束缚人的思想，限制人的思路，使人变得教条、死板而迟钝，从而妨碍迅速而正确地解决问题。

卡内基说："我们每个人拥有两种最伟大的东西：思考与行动。你的思考决定了你的行动。最大的资产其实是自己的大脑，对思维的投资是收益率最高的投资。《西游记》中的猪八戒这一艺术形象就是用这种组合法想象出来的。变异就是通过某一属性脱离原来的事物的整体属性获得变异事物的许多属性。

有时是量的变异，有时是质的变异。变异的任务就是在虚幻的形式中满足心灵求新的欲望。想象力的强弱取决变异的灵活性和创造性。人们的思维是从与正在寻找的事物相类似的事物、相反的事物，或者与它相接近的事物开始进行的……由此产生联想。世界上的事物并不是孤立存在的，它们在空间或时间上总是互相联系着。对于在空间或时间上互相接近的事物，思考者常常需要将它们联系在一起由此及彼地进行联想。

接近联想思考法是指，根据事物在空间或时间上的彼此相近进行联想。接近联想使人们在相关的事物之间搭起一座思考的桥梁，将它们在空间上或时间上联系起来。这种思考方法能将思考者带入一个新的境界。两个事物分别具有的各个属性之间，可能存在某种相同或相似的因果联系。可以根据一个事物的一些属性之间的因果联系，推出另一个事物的一些属性之间也可能存在相同或相似的因果联系。

《西游记》为什么经久不衰、震惊中外，很大程度是联想。孙悟空，人身上长着个猴脑袋；猪八戒，人身上长着个猪脑袋。正是这些人造妖怪去铲除人间的妖魔鬼怪。联想说到底是厚积薄发。油画，不能站到近处看，近了一看，模模糊糊，站远一点儿才能看出油画的妙处。"想象比起摹仿是一位更加灵巧的艺术家"。想象是艺术的主要动力，它可以突破观察的局限和生活的范围，创造出绚丽的理想与幻觉，使很多现实中无法产生的形象物化出来，表现出精神流动的奇妙。大胆想象就是要敢于创造，尝试那些看似荒唐可笑的或与传统相反的解决问题的途径。

## 3. 善于分析

要善于把同类的若干对象中的最具代表性的普遍特征分析出来，然后集中综合成新的对象。"阿Q"的形象，就是鲁迅先生用这种方法想象出来的。阿Q的原型"没有专用过一个人，往往嘴在浙江，脸在北京，衣服在山西，是一个拼凑起来的角色"。宇宙间一切事物，大至天体，小至蚂蚁、砖瓦、沙粒，以至肉眼见不到的微观世界，都受一定规律的支配，或者说都在按照一定的规律运动着。

例如，星体之间以及星系之间，受着万有引力定律、惯性定律等规律的支配；蚂蚁、蝼蛄和其他一切生物，都要受着新陈代谢、遗传与变异等规律的支配；沙粒、砖瓦以及岩石等，在风吹、雨打、日晒的过程中，要受着化合和分解这样一条化学运动的规律的支配。人类社会也如此，它要受着诸如生产关系一定要适合生产力性质和状况的规律，上层建筑一定要适合经济基础的性质。

和状况的规律的支配。人们的思维也如此，它要受着逻辑思维规律的支配。有志于成为有智谋者切记：奇事必究，奇人必交。想象力比知识更重要，因为知识是有限的，而想象力概括着世界上的一切，推动着进步，并且是知识进化的源泉。一种预测，25％说对了，是碰概率。50％说对了，是准确。80％说对了，是神奇。没有人能做到事事100％的准确。人心是小宇宙，人的创意、创造是无限的大宇宙。经过充分开发，充分发挥的人心，经过记忆、想象、联想、思维和梦幻组合，能够创造出一个无限美妙、无比奇妙的大世界，成为光芒四射的宇宙之星。

## 4. 要善于抓住不同事物之间的相似性进行想象

想象可以通过比喻的途径来完成。如人们常常把"爱心"比作滋润心田的雨露，从而这个抽象的概念具体化。比喻的关键在于发现不同事物之间的相似性。

## 5. 要善于把适合于某一范围的性质扩展到整个等级

想象也可以通过夸张的途径来完成。夸张的关键在于通过用具体的局部去代表未知的整体从而使整体具体化。如当人们只看到月牙时，他们就认为自己看到了整个月亮，这就是通过夸张来想象。

想象还可以补充在事实的链索中不足的和还没有发现的环节。很多人发现，把思想具体化，在脑海中构成形象，能激发想象力。在科学史上，哪一个科举发明家不是异想天开和具有丰富想象力的科学幻想家！古希腊的留基伯、德漠克利特、伊壁鸠鲁从自然科学的直觉天才地猜到了万物中原子的组成。哥白尼提出太阳是宇宙的中心，也是大胆想象的产物，而意大利的思想家布鲁诺则又进一步预言宇宙没有中心，太阳只不过是无限宇宙的一颗普通的恒星。

思想是一切的灵魂，那些古代流传下来的《师说》、《郭橐驼传》之类的漂亮散文，人们爱读它们，并不由于它们的词藻比作者们的其他作品更加美妙，而在于，它们包含着较活泼、较有生命力的思想。只有在这个前提之下，其他的一切才会活跃起来。没有思想，或者只有极庸俗低级的思想，但却拼命讲究"铺采搞文"的一些汉赋，后代人对它们所以感到如此没有味道，最主要的原因就在于它是缺乏灵魂的。

思想像一根线串起了生活的珍珠。没有这根线，珍珠只能够弃散在地。没有一篇真正的文学作品不创造新形象，也就是说，没有一篇作品不是想象的产物。想象是大脑一切功能中的皇后。《辞海》这样解释想象："在原有感性形象的基础上创造出新形象的心理过程。"分为"创造想象和再造想象"。

# （四）判断力概述

## 理性的判断力

收集信息算是一个比较初级的阶段，而分析信息做出抉择则是最难的。依靠的是思维、逻辑、组织能力。如果分析的不够全面，而忽略掉一些重要的因素的话，那么只能说是一种不完整、失败的判断。只能说不够理性，总是会有那么多主观的意识存在脑子里，将会左右自身的判断。经济学中把人假设为理性人，可见人是无法做到完全理性的。如果少了情感的寄托，那么人就不能算是人了，跟飞禽走兽也没什么差别了。所以只能是减少自身感情的投入，对人对事才能做出比较好的判断。

用敏锐的洞察力去扫描眼前的事物，接下来就必须用理性的判断力去分析。判断力来自哪呢？就是我们在得到外界的刺激的时候，对外界刺激做出反应之前一个思考的过程。有判断力的人会平衡各项得失之后，做出一个比较好的决定。但判断力是很难拥有的，特别是理性的判断力。是在经过一定的人生阅历之后，善于思考，善于从做过的事情中总结。

曾子曰：吾日三省五身，为人谋而不忠乎？与朋友交而不信乎？传不习乎？这是一个自我反省的阶段。人正是有了思考才可以不断进步的。思想境界，读事物好坏的判断总要经过那么漫长的一个思想蜕变的过程。冰冻三尺，非一日之寒。万里之行，始于足下。也是这个道理来的。

## （五）判断力培养

判断力对于苍白的人生是至关重要的。更多的是依赖于自身正确的人生观、价值观、世界观以及分析能力才能平衡好各方面的利益，达到自身利益的最大化。或许这就是判断力存在关键的作用。

该如何去判断好坏呢？举个例子说吧。当有一个朋友跟你好好的，有一天她突然偷了你的钱，并用你的钱请你吃饭。有一天你发现了，你会怎么对她呢？

是不是该愤怒的去找她，打她两巴掌然后绝交。这样的人或许太感情用事了，比较容易情绪化。我们可以这样分析，她偷钱还用这些钱请自己，她的行为是相当恶劣的。她可能是一个极度自私，以自我为中心的人。就算是你的钱，她也可以光明正大地用。她可能是一个有心计的人，这么好的朋友，还隐藏得那么好，当有利益冲突的时候才原形毕露，其阴暗的一面可见一斑。她对你的友情不是真的，只是在利用你而已，虚情假意的。

那么我们可以做出以下几种决定，打她骂她说她只能是发泄一时的情感而已。在你心中她美好的形象已经回不来的了。或许该庆幸，因为你能看清了她的真面目而不是在失去相当多的代价之后才看清的。所以心中看透就好，表面镇定，外圆内方。心中已经开始远离这么一个人了。而这样的人也是可悲的，为了小小的利益就放弃了友谊。所以我们看到了，也该从事中得到教训。分析自己的得失，该如何去看人。

我们要重视"知"的动态性质——我们是怎样"知"的，以及哪些知识是最有价值的。知的途径知的途径有三种：亲身体验，证实别人的体验、读别人的报告。这三种方式都有可能出错。

## 1. 直接体验这是三种途径中最可靠的了

但是，即使是这一途径也并不完美。我们并不是简单地接受体验，并将它们原封贮藏在头脑里。实际上，我们要拿这些体验同先前经验作比较，对它们进行分类、解释和评价，做出有关的假定等等。所有这些过程都可以是默默地进行，我们自己未必有所察觉。但其中任何缺陷都会使我们的经验偏离事实。让我们看一个例子。

安妮生在一个信教的家庭里。她现在是教区学校的学生，参加教区所有的宗教庆典，包括圣诞节。她知道圣诞节是一种圣典，而且在她的一生中将总是神圣的一天。从此她就不知不觉地形成了一种观点，认为在基督教朗历史上从来如此。这种概念开始是模糊的，后来便成为一种根深蒂固的信念了。她甚至想象老师在课堂上也是这么讲课。对她来说，圣诞节从来就是重大的基督教节日。但事实上，她搞错了。在 17 世纪的英格兰，清教徒严禁庆祝圣诞。他们认为过圣诞节是异教徒的习俗。同样，在新英格兰殖民地，也曾出现过这种情形。直到 1356 年，圣诞节在马萨诸塞州才成为一个法定节日。

由于我们的感知不是被动地接受客观事物，而是受到情感和心理过程的影响，因此我们的感知一般并不是现实的映像。事实上，它们有时是严重歪曲现实的。

## 2. 证实别人的体验

精确的观察当然是有可能做到的，但是我们常常缺乏足够细致的观察。我们在观察事物时，常常是戴着有色眼镜。这种有色眼镜，便是我们自己的经历和观念。比如，我们认为黑人体育能力较白人强，就好像看到黑人运动队战胜了白人运动队。而实际上，这并没有发生。

我们认为意大利人天生是坏脾气，就好像看到一个意大利人讲话时手势猛烈，似乎在大发雷霆，准备拳脚相加。而实际上，那些姿势并非不友好的表示。观察之所以会失真，是因为我们总是先听说一件事，然后才去观察。这样，在亲身观察之前，就有了一种先入为主的印象或想象。

如果提高认识能力，这种先入为主的观点将深深影响我们的认识过程。特别是，偏见会使我们把自己稍微了解的东西当作很熟悉的，把稍微有些新鲜的东西当作完全陌生的。这些观念都是由很不起眼的信号所引起的——信号可能是比较真实的线索，也可能是模糊的类比。不管怎样，一旦信号引起偏见，就会与从前的各种想象汇合起来，似乎出现了一种全新的想象。

## 3. 报道或传闻

这一途径包括新闻广播，书、杂志，长辈的教导等等。或我们传授知识和信息的人，大多数当然是想尽可能准确地告诉我们，而不是有意歪曲或误传。他们是想让我们分享信息。但由于人都不免出错，我们听得知的信息中似乎有相当一部分是不真实的。杂志和书籍又如何呢？一般说来，它们要比新闻报道搞得更仔细，错处应少一些。但爱德华·克拉克说："第二手材料往往与世俗观念和偏见相一致。例如，大多数通俗历史都把英雄描写得更高大，反面人物更坏，战斗更激烈，和平更平静等等。简言之，书上描写的不是事实，而是作者想象的或作者认为读者应当想象的东西。

## （六）判断力训练

有了理性的判断力，让你在人生的关口中，对于每一件是的做法都能选择比较正确的路去走。

### 1. 充分的准备工作是判断的前提

不打无准备之仗，不做无把握之事，充分的准备工作是我们做任何事情的前提，是一切事情成功的坚强后盾。你是不是一个有主见的人，这与你是否具有相当的自信心是分不开的。除了一定的自信心，我们还要勤于思考和善于调查研究，这对于我们是否能够准确判断是至关重要的。心急吃不了热豆腐，判断需要一个过程，"事情总会水落石出"，我们应该坚信这一点。

### 2. 搞清楚眼前的事情

生活中，因为面对的事情纷繁芜杂，所以我们必须弄清楚眼前的事情，理清乱麻，才能找到出路。要搞清楚眼前的事情，就要从自己的实际情况出发，认真分析，抓住本质，对事情深思熟虑，然后才能做出判断。凭冲动去做事情，急于求成的做法是不可取的，也是行不通的。几种理清眼前事情的方法：

（1）独处，让自己冷静下来，冷静地思考，才会使人头脑清晰，思维敏捷，判断的结果才会准确、客观、真实。

（2）相信自己事情是自己要面对的，问题迟早需要自己解决，人云亦云，毫无主见，对于解决事情毫无意义。任何事情都要自己去分析判断，这样的结果才最适合你自己。

（3）多问几个为什么。

（4）把复杂的事情简单化有些事情很复杂，一时不好把握，这就需要我们把它假定是我们熟知的事，然后分清是偶然的还是必然的，这样就有利于问题的解决了。必然的东西没有必要大惊小怪，偶然的东西就需要刨根问底，多加小心了。毛泽东有句话我们应该牢记：世界上没有无缘无故的爱，也没有无缘无故的恨。明白了这一点，你也就明白了许多。

### 3. 洞悉对方的真正目的

洞悉对方的真正目的，才能采取行之有效的应对办法。假象并不可怕，可怕的是看不透假象。只有经过认真的分析研究，才能做出正确的判断，才能采取正确的措施，进而把握主动权。洞悉别人真实目的的几种方法：

（1）从正面论证。

假设对方的目的是正确积极的，给它找充足的理由或根据，看它是否成立。

（2）从反面进行求证。

假设对方的目的是不利的，那么从反面找理由，看你的假设是否成立。

（3）学会旁敲侧击、虚张声势。古人云：兵不厌诈。不妨采取一些虚假的方法试探一下对方，有时候也能够觅得一些蛛丝马迹。

（4）直视对方的眼睛，观察对方神情的变化。

## 4. 纵观事物的形成过程

从哲学上讲，凡事都有前因后果。事物的发生、发展都有一个了解事物，对事物的形成过程仔细观察，认真研究，就有利于对事物的发展趋势做出准确的判断。知己知彼，百战不殆。三岁看老的说法毫无科学性。

分析事物形成过程的几种方法：

（1）分析事物形成的内在因素。

（2）找出事物形成的外在因素。辩证法告诉我们，内因是变化的根据，外因是变化的条件，内因必须通过外因而起变化。找出外因，不难分析判断它的内因。

（3）不要看一时一事。不能以点代面。

（4）不要犯盲人摸象的错误。这样容易因小失大，因局部而影响整体。

### 5. 考证事物的真实性

许多事情往往有其复杂性、隐蔽性和多变性，这就使我们很难一眼看清它的真实面目。此时，我们不要被事物的表面所迷惑，要处之坦然，平静面对。要分析其中哪些成份可靠，哪些成份虚假，即对事物加以认真细致的考察，进而抓住要点，剥丝抽茧，层层深入地掌握事物的本质。当我们洞悉其本质的时候，才能做出准确的判断。

考证事物真实性的几种方法：

（1）耳听为虚，眼见为实。

（2）不要过分相信自己的眼睛。有时候用"心"去看的东西才最可靠。

（3）通过华丽的外表看内里。一定要透过表面的东西，去探究其内里，才可窥视一斑。一定要学会剥去伪装，远离表面现象的困扰，才能离事实的真相更近一些。

（4）小心甜言蜜语的诱惑。

### 6. 分析事情的发展趋势

趋势就是事物的发展方向。事物不是一成不变的，而是迅速向前发展的。我们只有不断分析事物的发展趋势，才能跟着发展正确转换自己的思维，从而做出准确的判断。要想对事物的发展前景有一个准确的判断，就必须了解清楚事物的现实环境和发展趋势，然后再付诸行动。道路是曲折的，前途是光明的，只有那些有发展前途的东西，才值得我们去为之努力奋斗。

分析事物发展趋势的几种方法：

（1）要考虑是否有升值的潜力。

（2）分析要从事的事业是否是朝阳产业。只有朝阳产业，才有活力，才值得去干。

（3）看市场是否真的有需求。

（4）要看事物的文化科技含量占多大的比重。

## 7. 进行仔细的比较

认真比较能鉴别出人或事物的优劣，给你在选择目标时提供一个正确评估的参照物。不怕不识货，就怕货比货。善于比较，往往能捕捉事物的要点，做出自己正确的判断，选择一条成功的道路。智者和庸人的区别在于，智者在不断追求，不断探索，乐在其中。庸人却漫无目的，无所作为，虚度光阴。几种比较方法：

（1）学会比较质量。

（2）学会比价格。

（3）学会比外观。

（4）学会鉴别出它是否在一段时间内能引领潮流。

## 8. 判断事物的可行性

可行性分析是任何一项计划实施前所必不可少的。它几乎是每个决策者做决定的最重要的依据。现实生活中，如果你遇到的问题比较复杂棘手，你就要把问题进行详细的分析，逐一找出解决的办法，进而各个击破。如果有些问题你根本解决不了，那就不如放弃。可行性分析的过程，既是一个心理过程，也是一个实际操作过程。从心理学的角度说，我们要调动积极正确的思维方式去分析问题，从实际操作性说，我们还必须进行调研，反复论证，这两者的完美结合，才会使你的可行性分析更全面准确。可行性分析的几种方法：

（1）一定要确立最适合的目标或项目。

（2）一定要请各方面的专家参与其中。

（3）可行性分析一定要真实，不可弄虚作假。

（4）不要让感情左右可行性分析，以免判断失误。

## 9. 养成综合看问题的习惯

唯物论要求我们，全面看待问题，分析问题。只见树木，不见森林的人永远无法了解森林的全貌。世界上的一切事物都不是孤立存在的，它们彼此之间存在着千丝万缕的联系。我们只有对事物进行综合分析，把一切有联系的因素都考虑进来，然后详加分析、考察、比较，再做出判断，就会使事物的本质清晰地呈现出来。综合性分析的过程，其实也是结合自己，给目标定位的过程。

过高估计自己，往往将目标定得过大而最终无法实现；过于轻视自己，又会将目标定得唾手可得而缺乏激情。我们每个人都应该养成对事物进行综合分析的习惯，遇到事情时不要心急如焚，而用平静的心态去观察、了解、分析事物的发展趋势，全面了解解决问题的可行性，在生活的道路上就不会把握不准方向而徘徊不前了。只要我们善于学习，勤于思考，勇于判断，我们每个人都能成为思维缜密的人，成为一个有所作为的人！

## （七） 父母的影响

"二选一"法，是来自销售中的一个技巧！

通常给客户介绍服装时，你在拥有多种服装的时候怎么办？

区分服装的类别，大体上凭简单交流的判断能感觉得到顾客到底适合或是喜欢哪两种类型。

比如颜色，请问你是喜欢红色还是黑色？

这之类的问题问到最后，如果顾客一直跟随着你的问题回答下去，到了最后你就能判断出他/她所想买的是哪种服装了！

这个时候"二选一"法体现出来的价值是：这件商品是有顾客自己做出的选择，只要顾客想买，那他就会选择你现在想卖的这件服装！

大家一定对那个早点摊卖鸡蛋的故事还有印象，聪明的店老板给顾客推荐鸡蛋的时候，问：你是来一个鸡蛋还是两个？而不是问：要不要来个鸡蛋？结果呢，前面一种问法，顾客经常会选择至少一个鸡蛋，给老板带来了卖出更多鸡蛋的实惠，后一个问法却鲜有收获。

上述那个卖服装的情况同样如此：如果在决定颜色的时候这么问：请问你喜欢哪种颜色？

也许顾客会说：红色，蓝色，黑色……白色也行……

这样你得到的无非是用自己的时间和顾客说了句废话。

培养小孩的判断力，这一定是父母特别关心的问题！

因为判断力会决定小孩很多事情，比如读书用心不用心。强制性的要求孩子读书，有些孩子会顺从，但是更多的是逆反，你让我读我偏不读。

生活中可能不明显，但是不可否认，很多小孩在读书上会做出自己的判断，而不是顺着父母的意思办。

他/她喜欢读书，或者讨厌……

喜欢读书的小孩会在放学回家后有条理和习惯的搞定自己的家庭作业，讨厌的却可能是放学后找个地方玩上一会，甚至等待父母来找，之后在父母的管教下把作业做完。

我说的这个判断力是，他/她知道读书对他/她有用，或者知道为什么要读书——由他/她们自己决定他/她要读书！

也许是因为他/她觉得成绩好会更讨老师喜欢，或者更容易交到朋友，但不管这么说他/她决定他/她要读书，那至少学习上不会比逼着他/她读书来得差。

因为各人的情况不同，这里没法提供一个方法来学习怎么让孩子喜欢读书，只是以此举例说培养孩子判断力的重要性。

那么怎么锻炼孩子的判断力？

开头讲到的"二选一"法是个很容易使用的方法！

当孩子习惯了用这种方式来做决定的时候，他/她自然会思考自己生活和学习中的一些事情，并通过这种方式做出判断。

比如早餐喝点什么？

通常父母会觉得孩子小而忽视他/她们的判断力，进而自己为他/她们做出了决定！实际上，孩子在4、5岁甚至更小的时候就有自己的判断力了，他/她会对他/她们喜欢的食物上表现为吃的更多，对不喜欢的食物置之不理。

也许你会直接给他/她一杯牛奶，因为你觉得喝牛奶对生长发育好，而事实上并不一定非要在吃早餐的时候和牛奶来补充钙，那么用这种情况来锻炼孩子的判断力是不是一件很划算的事情？

有时候父母会想到，是时候让他/她自己作判断了！

常见的父母会这么问：宝贝，早上想吃点什么？

也许这是个夏日的早晨，他/她会告诉你：我想吃香草冰激凌！

我想你听到这个答案的时候多半会觉得自己要崩溃了，可是真的很有可能是这类似的答案，因为他/她喜欢香草冰激凌，但他/她并不知道那是早餐中不该出现的东西。

如果这么问，那得到的答案一定不一样。

宝贝，早上想喝牛奶还是豆浆？

可能的答案无非是牛奶或是豆浆，虽然你想他/她喝牛奶，但并不是一定要他/她在早餐就喝牛奶，让他/她自己做出选择，然后他/她会更乐意的按自己的选择喝上一杯牛奶或是豆浆。

我想做父母的更会头疼的是要花尽心思让他/她一口口的把牛奶喝完吧！

这时候告诉他/她，这是你自己选的就喝完它！

请千万别拿他/她可能会非常排斥的东西这么做，比如苦的饮料，那样你一定会自尝苦果。

当然，你的宝贝可能还是做出其他选择，那么一定是他/她不想在早餐的时候喝点什么了.

类似的"二选一"有很多。

比如选择衣着，"你想穿连衣裙还是穿短袖？""你想穿运动鞋还是皮鞋？"

比如做作业，"你想现在就做作业还是等会再做作业？"一定告诉他/她，作业是肯定要做的。如果选择后者，那么给他/她约定个时间。别怕他/她玩，孩子玩是再正常不过的事情，但是当他/她做出了选择后就一定要求他/她按自己的选择做。

判断力，影响孩子的一生，成人之后表现为责任感！

之所以强调，在孩子做出选择后务必引导他/她做完按自己选择的事就在于此。

不能因为，早上选择了穿皮鞋，而恰好在学校参加活动弄的脚不舒服，由着他/她回来吵吵闹闹。告诉他/她，这是你自己做出的选择。下次他/她就会想，等下去学校也许要和朋友玩，那么穿运动鞋一定会更好！这样他/她会慢慢学习为自己做出的选择进行判断，慢慢的为自己的判断学会负责任。

看看，这是不是一个成年人做出判断时候该考虑的事情？

等下我要去做什么，现在做的决定对那会有什么影响，我应该怎么选择才最好？

因为成年人做出的决定就意味着自己该为这个决定负责，不管结果是好是坏，你做的决定就该你自己承担责任！

而小孩子不可能在很小的时候就想的这么全面，所以需要培养他/她们的判断力！

生活中能用到"二选一"法的时候很多，对待孩子教育上同样也能起到作用。

只有用心慢慢培养，他/她们在将来的路会走得更好！

虽然这个世界上的是是非非从某种角度讲就是利己，利人，害人，害己的几种，但是对于小朋友来讲，起初认识世界和对于好坏善恶的分辨都是来自父母的，所以父母在孩子的教育中起了至关重要的作用。

　　一般的父母在心情好的时候对于孩子的无理举动很难马上制止，或者说严厉制止，有的甚至会觉得好笑，可爱，好玩。打个比方，一个做生意的母亲，今天进账率很高，在家中的 4 岁儿子抓住自己的东西到处乱丢，并以此为乐，母亲由于心情比较好会好好的劝告孩子，并乐滋滋的收拾孩子乱丢的东西。隔天生意不好，母亲的心情不好，家中的孩子只是在吃饭时哼了两句歌，母亲劈头盖脸地就对孩子大吼大叫，孩子自然不敢唱了。这种事情久了，孩子只会一件事情，就是看母亲的脸色，对于好恶没有什么概念。在孩子的世界了，看脸色比正确分辨一个事情的轻重好坏更有价值。

　　上面的这种是现实生活中最常见的，父母的心情决定了对孩子的态度。还有一种，父母双方配合的失败，导致孩子不能正确分辨好恶。父母双方在教育时往往会发生冲突，父亲觉得母亲对孩子的指责过于严厉，就会马上出面给孩子撑腰，或者母亲为孩子撑腰，孩子清楚地看到了这一幕，父母在反驳对方的时候完全忘记了自己是孩子的榜样，语言和语气或者轻蔑或者恼怒，完全没有尊重对方，甚至有父母在这场战争中让还完全不明白好恶的孩子来做裁判，这就像一个闹剧，到最后孩子意识到一个简单的问题，只要站在强势的一面即可，不用介意什么真伪善恶，或者导致孩子对父母中语言上弱势者的不尊重，对强势者的依附。一个不懂得尊重父母的孩子很难尊重自己的长辈，也难尊重师长，更加不可能在与人相处的时候懂得去尊重他人，一个不懂得尊重别人的人不会受到别人的尊重，一个没有人尊重的人是个什么样的人呢？

　　小朋友的爱心一部分源于自己接触的社会环境，大部分是源于父母。父母在对于弱者的态度会大大的影响一个孩子，父母虽然天天给孩子读一些关于爱的文章，小说，短文，但是在现实的生活中遇到弱者不但不同情反倒大有看热闹之嫌时，孩子也会从中学到那些冷眼旁观的乐趣。相反，父母对人热情，帮助别人时都是力所能及绝不推脱，孩子即使不去接触什么爱的宣扬教育，一样会以一种理所当然的心态去帮助弱者。一个没有慈悲之心的人怎么会有一个善良的心，连善良都谈不上，拥有一切又能怎样呢，就跟给冷血动物披上厚厚的羽绒服，里面还是冷的。

# （八）判断力训练

逻辑思考不是学术象牙塔里的长篇大论，而是日常生活与职场里都能派上用场的实用技巧。养成做出正确判断的习惯，就是逻辑思考的基础。做做以下 4 个逻辑思考的练习题，将有助于培养精准的"判断力"。

逻辑思考练习题 1

见树又见林，了解全貌

【案例提要】为了争取客户，公司在正式对外提案前，先进行内部提案审查。在参加内审的两名员工之中，A 小姐天性谨慎，个性一板一眼，虽然对于细节解说得非常清楚，却让人无法抓到大方向。B 先生明确说明了提案的大方向，整体描述也不错。

【状况】如何判断口才较好的是 A 小姐？还是 B 先生？

【判断选项】

1. A 小姐说明仔细、浅显易懂

2. A 小姐说明琐碎、很难了解

3. B 先生对描述明确，抓得住大方向，较容易接受

4．B 先生最好能针对细节再多加说明

【思考过程】

提案的诀窍在于先让客户掌握全貌，再进一步说明细节，以增加客户同意提案的机率。A 小姐从细节开始说明，见树不见林，很难让听者抓到整体概念，也容易混乱听者的思考。B 先生的说明能协助听者了解全貌，但最好能针对细节充分说明，以让听者更容易理解。

【思考后的判断】

逻辑思考练习题 2

不同对象，要用不同手法

【案例提要】老王工作能力很强、做事很有魄力。最近，太太说想换一台液晶电视，老王调查了各个机种的价格、性能与机种，决定试图说服太太购买某个品牌

【状况】老王做了那么多功课，对太太也说明得非常清楚，如何判断太太不接受建议的原因？

【判断选项】

1．市面上的液晶电视有 60 种，老王只调查 20 种

2．太太的感性大于理性

3．太太听不进有逻辑、理性的分析

4．比起液晶电视，太太其实更想买离子电视

【思考过程】

为了说服非特定多数人，提出的理由必须更强调逻辑。不过，对于经常见面的朋友或同事而言，"凡事讲理"有时候反而行不通，只会让人格外紧绷，尤其是夫妻之间，太太通常不喜欢丈夫总是讲"理"。所以，虽然老王调查过 60 种品牌，太太应该也不会改变她

原有的心意，因为女性多半较为感性，通常不喜欢听有条有理的理性分析。

**【思考后的判断】**

逻辑思考练习题3

能在短时间内说服别人

**【案例说明】** 办公室同事C小姐总是喜欢天马行空地漫谈，听她说话的人心中常会出现旁白："小姐，您的重点到底是什么？"另一位同事D先生的自我意识很强，经常强迫对方接受自己的想法，他的口头禅是："你也这样想吧！"其实D先生的意见经常让人无法恭维。

**【状况】** 如何判断这两人谁真的是"说话没重点"呢？

**【判断选项】**

1. C小姐滔滔不绝地长篇大论，表示她口才很好

2. C小姐说话内容空泛、下不了结论

3. D先生缺乏"让他人接受自己看法"的说服力

4. D先生的主张明确，很有逻辑

**【思考过程】** 长篇大论并不等于口才好；无法做出结论的对话，就形同浪费彼此时间的空谈；主张不够明确，就无法说服对方；即使主张明确，说服力不足，也不能算是合乎逻辑。在职场上，最佳沟通方式就是"在短时间内做出结论"。

**【思考后的判断】**

逻辑思考练习题4

找出问题点，再对症下药

**【案例说明】** 业务课员工一个比一个爱讲电话，业务课长烦恼不已，心想："长话短说很难吗？"而且，要是经常因为员工电话讲

太久，导致顾客的紧急电话打不进来，可就更不好了。

【状况】业务课长如何解决业务人员"煲电话粥"（电话占线）的问题？

【判断选项】

1. 增加电话数量，就不怕漏接紧急电话

2. 要求所有员工每通电话，一定要在 2 分钟内结束

3. 进行调查，了解电话讲很久的原因

4. 设置总机，减轻业务部的负担

【思考过程】不找出问题点就思考解决方法，只会流于"治标不治本"。因此，首要之急是先了解"员工为什么总要讲很久的电话"，之后再对症下药。

增加电话线固然能减少占线情况，但如果客户致电要找的业务人员仍在电话中，也无济于事。要求所有员工在 2 分钟内讲完电话，虽说也是一种解决方法，却可能让通话对象对员工留下"很没礼貌"的不良印象。至于设置总机，则不但会增加成本，更会造成客户和业务员之间的关系疏远。

# 第六章　名人提高记忆实例

　　纵览古今中外名人故事，我们发现：真正能供人们仰慕、仿效的，还是那些做出过杰出贡献或者有伟大精神烛照世人的古今名人。要想成为这样的成功者，有两种素质是绝对不可缺的：智慧与信念。

　　智慧，其实它就是一种思维方式，一种处理问题和解决困难的方法。不管你正在求学，还是步入社会；不管你成就事业，还是为人处世，都可运用谋略与智慧。

　　寻找规律，巧用古法，让学习事半功倍；精心安排，巧妙设计，给身边的人一个惊喜；幽默含蓄，巧言相劝，化解与别人的隔阂误会以谋取胜，无一不靠智慧来运筹。

## 爱迪生的"专心"趣谈

　　一个真上善用脑筋的人，往往因为全神贯注于一个问题上，便把其余无关紧要的琐事抛诸脑后，在那种场合，他们常比普通人更显得键忘、痴呆。中国有句古谚是说："大智若愚"，正是指的这种情形。

　　"大智若愚"的例子，古往今来多得不胜枚举。

科学界发明大王爱迪生，有一次闹了一个极滑稽的笑话。据说那天他去税务局缴税，被编排在人群里依次进入。

当时他的心里正在念念不忘他新发明的一种电器机械，因此，当那收税人问他叫什么名字时，他竟瞠目不知所答。等他好容易从自己的幻想中醒转来，说出自己的名字时，那个收税人已因等得不耐烦，叫他重新再排到最后面去了。

爱迪生对于他的事业能够这样专心，不是因为他被环境所迫，更不是金钱的引诱。

他的专心执着，最大因素还是他对于这种事业所感到的极浓厚的兴趣。他的兴趣带动他的所有的思考力，开发了他所有的潜能。所以，我们要使自己能够专于一件事情。

第一步需要先养成对这件事情的浓厚兴趣。美国纽约谷业贸易银行总经理扶留先生是一位善于集中注意力的人。当他专心思索一件事时，许多饮食衣着方面的小事早已忘怀了。

一个他常去光顾的饭店里的侍者说："有时我特地预备了精美的菜肴，只为讨先生的欢喜，但是我常常失望，因为我发现平他专心思索一件事时，即使盘中放了一堆纸，他也会津津有味地塞下肚去"。

哲学家说："一个人集中思想占做事，正像一面放大镜集中了太阳的焦点去烧着火绒一样有效。"所谓集中思想，就是将脑中的一切杂念完全抛开不闻不问，让所有的思考力去解释一件你所要解决的问题。

美国银行界闻人简业尼先生说过这样一句话："当我想干一些事情时，我总是选择一件我最喜欢干的事情去干。当我决定之后，一切对于那件事情毫无关系的念头，便都被我抛却得一干二净！"

那么怎样可以养成这种抛却一切杂念，使精神集中于一件事情的习惯呢？在开始时最好先做短时间的练习。即使提起你的兴趣，集中注意力几分钟；比在一个长时期里被迫工作要有益得多。

著名铁路建筑技师海力门先生说："凡是我所下的最有价值的决定，都是短时间的兴趣所促成的。当我兴趣来时，对于一个问题的研究计算，比平常没有兴趣时的长期计划，精确完美得多了。"趁着兴趣到来时，聚精会神地思索一件事所获效果，定可大得惊人。当然，我们谁都不能知道自己什么时候会有兴趣，但是我们有机会就一定把握住。当一个人精神饱满时，往往对于事情最易发生兴趣。

芝加哥莱氏医学院主任信龄先生说："我精神最愉快的时候，是在夜深人静之时。"还有一些人是在早上情绪好。按照生物钟的划分，有些人的最佳精神状态在夜晚，即称为"夜猫子型"（猫头鹰型），而在早上精神好的称为"百灵鸟型"。了解自己的生物钟，把最有创造力的时段把握住，有很大的成果。


## 当霞非将军聚精会神的时候


据说霞非将军在他的早年，每有所思必散步郊外。有一次，他客居里菲赛斯，偶然散步到当地著名的由瓦邦设计的巴拾马堡垒时，忽然对那个奇特的堡垒发生了很大的兴趣，便用建筑家的眼光对这个堡垒尽情观察，这种毫无顾忌的行动。

当然立刻引起了守军的注意，他们看他衣着朴素，根本不知道他是一位世界闻名的纽约军队的大将，以为是德国派来的一个奸细，便立即把他逮捕送到军事法庭去审问，幸亏经过当地一个土著替他翻译解说，才使真相大白，释放出来。

后来他的姐姐知道了，问他当时他为什么不立即解说清楚，他说："当他们逮捕我时，我正在想那个堡垒的最重要的一段。"多使自己单独静思一个问题，是养成集中注意力的习惯的最好方法。

夜深人静之时，手端一杯饮品，耳听美妙之音，静静地思考问题，减少外界的干扰，这样思路不会被打断，注意力便自然集中在考虑的问题上，思路清晰是解决问题的前提。

像爱迪生、扶留、霞非等常常将注意力集中在一处，忘了其他一切琐事的人，往往容易被人讥笑为"痴呆"，"愚笨"，其实任何人在那种场合都是免不了有这种情形，但因为他们所集中思索的事情，外人根本不知道他们从外表上看好像有些近乎"痴呆"，"愚蠢"了。当一个人将"集中注意力"养成一种娴熟的习惯后，他就并不需要在安静的地方也能工作。如世界名人之一的柯里夫兰先生在办公时，即使办公室的门大开着，外面吵闹，也不能影响他的工作能力。

（一）集中注意力的最大秘诀，是先感到浓厚的兴趣。

（二）选择职业的时候，在可能范围内应该选你最感兴趣的做。

（三）对于任何工作，即使当初并不感到多大的兴趣，只要多观察，多练习。到后来对于这外事工作懂得多了，也会产生兴趣，而将注意力集中上去。

（四）集中你的注意力放在一件：事上，切勿在同一时候去注意两件或更多的事情，否则，你的成就一定不会"可观"。

（五）在训练自己养成这种习惯的时候，最好先从短时间能取得成效的小情着手。

（六）不要在自己并不感兴趣的时，强迫自己去集中注意力在那件事上，因为只有兴趣才能使你去集中注意力，一切自动的或外来的压力，都不会产生良好的效果。

## 马克·吐温画图记忆法

马克·吐温曾经为记不住讲演稿而苦恼，但后来他采用一种形象的记忆之后，竟然不再需要带讲稿了。

他在《汉堡》杂志中这样说：

最难记忆的是数字，因为它既单调又没有显著的外形。如果你能在脑中把一幅图画和数字联系起来，记忆就容易多了。如果这幅图画是你自己想象出来的，那你就更不会忘掉了。我曾经有过这种体验：在30年前，每晚我都要演讲一次。所以我每晚要写一个简单的演说稿，把每段的意思用一个句子写出来，平均每篇约11句。有一天晚上，忽然把次序忘了，使我窘得满头大汗。由一这次经验，于是我想了一个方法：在每个指甲上依次写上一个号码，共计10个。第二天晚上我再去演说，便常常留心指甲，并为了使不致忘掉刚才看的是哪个指甲起见，看完一个便把号码擦去一个。但是这样一来，听众都奇怪我为什么一直望自己的指甲。结果，这次的演讲不用说又是失败了。忽然，我想到为什么不用图画来代表次序呢？这使我立刻解决了一切困难。两分钟内我用笔画出了6幅图画，用来代表11个话题。然后我把图画抛开。但是那些图画已经给我一个很深的印象，只要我闭上眼睛，图画就很明显地出现在眼前。这还是远在 25 年前的事，可是至今我的演说稿，还是得借助图画的力量记忆起来。

记忆力好的人，他头脑中的资料一定排列得井然有序。记忆力不好的人，则往往不加分类地把事物乱堆。如果我们能时时留意，把想记忆的事物——加在分类整理之后，在装入或取出资料的时候，就比较省事了。好的记忆并不特别神奇，关键是掌握好的记忆方法。

## 林肯回忆法打造记忆超人

林肯是位具有伟大人格和辉煌人生的总统，他被美国人当作圣贤。林肯小时候，父母都是垦荒者，收入很低，生活贫困。一日三餐，勉强充饥，根本没有钱买玩具、连环画和书。

父母白天到外面去做工，晚上回来。七岁的林肯每天都要去野外拣树枝，挖树根，弄柴禾，并把它们背回家，堆到住室的旁边，以供全家做饭和取暖之用。

由于生活贫苦，林肯小时候只上了四个月的小学，就辍学了。此后再没有受过正规的学校教育。林肯后来具有的丰富知识，是他长期刻苦自学获得的。

对于少年林肯来说，最愉快的是在晚饭后那段时间，妈妈给他们讲各种各样的故事，林肯和姐姐就坐在树桩上，侧耳静听，这时少年林肯仿佛被带到梦一样的世界。

靠着长期刻苦自学，林肯获得渊博知识，而且他还学会了做人，人品高尚，又具有敏锐的观察力，出色的记忆力和很强的工作能力，赢得美国国民的拥护被选为大总统。

有趣的是，原来与他竞争总统的一个候选人西沃德，曾经是哈佛大学法律学教授兼任纽约州长。此人的学识和经验在共和党里是首屈一指的，可是他没有竞争过林肯，总统交椅被林肯夺走了。西沃德在林肯手下当了总理。但是，对于自尊心很强的西沃德来说，是不甘心在林肯手下工作的，因为林肯连小学都没有毕业。然而，西沃德在林肯手下工作一段时间后，他对林肯的人品和工作能力，特别是对林肯的敏锐的观察力记忆力佩服得五体投地。

大家一定想知道林肯的记忆力为什么这样出色，他学习的奥妙是什么？

原来林肯那强烈的求知欲和出色的记忆力，似乎是由于他儿童时代的回忆。

每当他要学习知识，或要记忆某一事物时，头脑里总会回想起少年时代坐在树桩上听慈祥的母亲讲故事那种欢乐愉快的情景，以及给予他的激励。这个故事是不是可以说明，在良好的心境下学习，学习效率非常高。


## 保坂荣之介信心满满


还有一个故事是讲保坂荣之介先生少年时代的学习故事。保坂先生小时候，特别喜欢玩，上山捉鸟，下河捕鱼，各种名堂都会玩。但是他不爱学习，学习成绩总是下等，在初中一年级 500 名学生中，他的学习成绩被排在第 470 名，被老师认为是脑子笨的学生。可是，保坂的父亲却不这么看，父亲常常鼓励他说："你无论是下河捕鱼，上山捉鸟，下棋等都干得非常出色，这就说明你的头脑比一般人好。如果把这种精神用到学习上，学习成绩肯定会提高的"。

父亲的鼓励使保板增强了学习信心。而且，当时的保板也觉得成绩这样差，没脸见人，应该好好学。一旦下了决心，又有很强的自信心，记忆力和学习效果之好，连他自己也感到惊讶。他从初中二年级暑假开始努力学习和补课，很快他的学习成绩就经常进入前10名。后来上了大学，工作后长期从事智力开发研究和应用工作，并担任了日本能力开发研究所所长，成为日本知名的学者。

这个故事说明了什么呢？请大家想一想。如果对自己的记忆力充满信心，不是就能大大增强记忆力吗！

## 记忆超人勃兰纪实

有一次，有人谈起美国人勃兰的记忆力时说："那真是天才，他能够对于一个20年前仅见过一次面的人一见如故，清楚地道出那人的名宁和见面的地方，他常常在乡间与见过一面的老农夫摊手畅谈那匹好马。"

有一个去投他的票的人说："他怎么会知道我有一个妹妹，并且说地已嫁给琼斯了？"又有一次，他与一个朋友坐在家里谈天，忽然看见门飞外一辆马车远远地向这里驶来。他的明友说："看来这辆马车一定是来拜访您的。""正是"勃兰说："这辆马车我见过一次，但是那个马车夫我却已有二十七年不曾见过面了，让我好好想想他的名字"，不一会，他果然记了出来。爱尔史密斯先生也是一个记忆力超群出众的人物，人家谈论他的惊人脑力时说："他的脑袋好像藏着一本无穷的记事本。任何事情只要见过一次或听到过一次便可随时翻检出来。" 又说："他的脑子好像一本古今知识文库。从他孩提时代听到过的故事到他成年后读边的一切书报，无不能够纯熟地背涌出来。"

## 睡前给孩子讲故事可以增强记忆力

孩子睡觉前妈妈为他讲故事很有好处，这会有利用亲子之间的交流，增加母子的互动和亲密度。也有科学根据说明，小孩子在睡觉之前吸收知识的能力属于高峰期！通过讲故事增加孩子的记忆素材，让孩子在不知不觉中记住很多东西。

### 1. 游戏步骤

1、妈妈在阅读之时，可以把着孩子的小手边读边指图中的事物，语言语调尽量生动饱满。随时观察宝宝的反应，如果孩子很投入的话，妈妈会发现他（她）的表情会跟着书中的情节发生变化：故事的主人公被抓了他（她）会着急；当主人公被人救出来的时候，他（她）的表情会变舒缓。

2、孩子睡觉前，妈妈给孩子朗读 1－2 则故事。最好选择有彩图、有情节和一两句话的故事书。

3、一个故事可以反复地念，声音越来越小，直到宝宝入睡才停止。

## 2. 游戏互动

孩子这个时候已经可以听懂大人说话了，大人给孩子讲故事时，脸上的表情要随着故事的情节而进行变化，这些表情和语言会对宝宝产生影响，让宝宝体会情感的变化。大人边讲故事边注意孩子的情况，如果孩子很精神，那么大人可以适当地的调整语调，例如放慢一些读，或者读一些情感波动不大的故事。这样利于孩子入睡。

## 3. 妈妈须知

前面我们说过，孩子一天中记忆力最好的时间是在睡觉前，这时给他（她）讲故事或讲一些生活常识，学习效果最佳。采用形象生动、有声有色、颜色鲜艳分明的东西作为记忆材料。用这些孩子感兴趣的形式，让他（她）在不知不觉中记住许多东西。

## 4. 温馨提示

一个故事要反复朗读，因为孩子最先记住名词，记住书中的主人公，然后记住他做的动作和后果。有时还会记住一些形容词，如很大、很小、又高、又瘦等孩子能理解的词。要反复朗读孩子才能记住。听故事是孩子发展情感和理解事物的好办法，孩子听的越多懂得越多。

# 第七章　智力素质浅谈

## （一）观察能力和记忆能力

全面考察一个中学生智力方面的素质或者说智力方面的能力，主要的是这样几个方面：

1. 观察能力；2. 记忆能力；3. 思维能力；4. 听讲阅读能力；5. 表达能力；6. 学习的自我管理能力。这些能力每个同学都应该从现在开始加强培养，不断提高。积极、兴趣、自信、专心和乐观，这是五个基本的成功法则。当现在进入学习智能的探索时，我们就要考虑如何从五个基本法则出发，全面塑造在学习方面的智力素质或者说智能。

首先谈谈培养超常的观察和记忆能力。

观察能力是大脑多种智力活动的基础能力，它是记忆和思维的基础。只要同学们稍微联系一点自己的知识、经验和思想，就能够注意到，不同的领域有不同的观察。艺术家有艺术家的观察：一个作家，一个画家，一个音乐家，一个舞蹈家，一个雕塑家，一个摄影家，一个书法家，他们会对这个世界进行文学、艺术的观察。而科学家有科学家的观察：从宇宙到常规世界，到微观世界，天文、地理等方方面面。政治家有政治家的观察：观察国际、国内的政治形势，经济发展。我们还会看到，社会活动家有社会活动家的观察，经济学家有经济学家的观察，军事家有军事家的观察，哲学家有哲学家的观察，等等。每一领域的观察都不是单方面的，而是多方面的，从具体的现象到整个形势和动态。

科学家可能会具体观察他研究的一个项目，一个具体的现象，一个粒子的分裂，一个行星的爆炸，一个昆虫的诞生，一个物种的消失或者出现；他也可能观察整个科学或者自己专业的学术动态，比如物理学发展的动态，物理学发展的形势，生物学发展的动态，生物学发展的形势。正是这些观察，是科学家也是其他领域的活动家得以实现自己研究、创造成功的基础。观察具体的现象并从中得到具体的发现；观察形势和动态使得自己在选题方面、创造的方向上得到正确的判断。

至于讲到记忆能力，同学们会不由得心中一动。

联系到自己的学习，记忆能力的重要性是不言而喻的。所有的观察只有在形成某种记忆之后，才能够成为人的财富。如果你观察到的一个现象，1秒钟后忘了，就什么用也没有，等于你什么也没观察到。即使是1分钟的记忆，5分钟的记忆，观察的记忆也会成为你在某一时间段内有用的素材。因此，没有记忆的观察是没有意义的观察。同时，记忆成为思维的一种基础。如果你对生活中任何现象、任何事物、任何文字、任何信息、任何图解都没有记忆，实际上你无从思维。记忆为思维提供了有用的素材。记忆能力是学习优劣的重要原因之一。记忆能力也是人在事业中，特别是在科学、思想、艺术、文学创造、各种各样的文化研究包括在政治、军事、经济、社会活动方方面面获得成功的重要素质之一。

## （二）加强观察与记忆的责任心

那么，同学们最关心的可能就是如何提高观察能力和记忆能力。我曾经和不少中学生、大学生探讨过这个问题，也研究了国内外有关的心理学、教育学著作。观察力、记忆力到底如何培养、如何提高，这里最重要的方法、最奥秘的诀窍是什么？希望同学们现在开始在自己的大脑中迅速思索这个问题。你们的思维应该和这里的阐述平行发展——到底什么方法是提高自己在观察和记忆方面能力的重要途径？有没有诀窍？很多人找不到正确答案。而一旦把正确答案讲出来，人们往往恍然大悟。

现在，让我们讲授这个最重要的诀窍和方法。

提高观察能力、记忆能力，最重要的是提高我们在这方面的积极追求，明确在这方面的积极目标。换一个说法，提高观察力的最重要方法是加强观察的责任心。

同学们，你们很多人都住楼房，最熟悉的莫过于自己的家了，有谁能够讲出你家的楼层是几级台阶？又比如，同学们谁能够回答出你前后左右四个同学昨天穿的服装？如果让你闭上眼，你可能对前后左右四个同学的服装是不清楚的。一次我在大学做报告，会议厅在教学楼四层，很多同学都很熟悉。我问：从一楼到四楼，一共有多少级台阶？没有一个同学能够回答出来。也许这些问题并没有多少实际意义，大学生并不需要记住教学楼的楼梯有多少级。每个同学也不需要把自己家的楼梯数清楚，更没有责任把前后左右的同学每天穿的衣服都记下来。但是，这个例子说明什么？说明我们身边非常熟悉的东西，当没有观察它的要求时，什么都观察不到。当没有记忆它的要求时，什么都记忆不下来。一个电话号码，当你没有想用脑子记忆时，你打了几十次，还要翻电话本。当我们告诉你，由于执行特殊任务，这个号码只能记在脑子里，必须硬记，因为这个电话对你很重要。没有一个人完不成这个任务。这个例子含着深刻的真理，它包含着观察和记忆的根本奥秘。只是这个深刻的真理不为很多人所知道和运用。

如果你想提高自己某一时刻观察和记忆的效率，第一个重要方法就是在这方面有责任心。所谓责任心是什么？就是我确确实实要通过我的观察和记忆，完成观察和记忆的任务。当你坐在教室里学习时，如果你一定要记住老师讲的内容，大脑就会高度兴奋和工作，你就有可能完成这个记忆。如果你没有这个意识，同样听一节课，可能记忆甚少。

如果同学们有这种意识，训练的时候就一定要想办法尽可能多地记忆老师讲授的内容：这些知识是非常有用的，我以后是要拿这套法则来训练自己的。那么，你就会记得比较多。不仅提高记忆的效率是这样，提高记忆的能力也在于此。前面举的那些例子，同学们可能觉得很好笑。但是，我们常常在看书的时候，与我们面对台阶的感觉差不多。任台阶在脚下一步一步地走过，没有有意识地去观察它和记忆它，起码这种观察、记忆的意识不够强烈。结果走多少遍，看多少遍，读多少遍，观察了多少遍，却没有记忆。

所以同学们要训练自己，要迫使自己、规定自己在每一堂课中，尽可能在理解的基础上记住课堂上讲的全部内容。你们在读一篇文章、一本书的时候，也要对自己有这样的要求，就是我通过一遍阅读，就能记住大部分内容。这种记忆的、观察的责任心，这种积极的目标，是提高观察能力和记忆能力的最重要法则。同学们如果能够真正领会这一点，将受益无穷。正是凭着这种训练，很多人成为记忆的天才。如果你没有提高自己观察和记忆能力的这种要求，是很难在这方面得到完善塑造的。

在这里，我们还可以送给同学们一些格言：

不真正想观察，是观察不到的。

不真正想深入观察，是无法观察深入的。

不真正想记忆，是记不住的。

不真正想记忆好，是记忆不好的。

我们说，这种想深入观察、记忆牢固的愿望、目标和责任心，必须是真正的。它不仅是理智上勉强的自我规范，而是从自己内心深处种下一个愿望、要求、目标和责任心。用心理学的语言讲，是你的潜意识中就有这样一个深刻的责任心和愿望。如果同学们从今天开始能够有这个愿望，你们就会在今后的学习中取得突飞猛进的进步。我看到一位同学在课间看一本天文杂志，他一边看一边试图拿笔在上面画一画。为什么？他想记住其中的某些素材，某些数据。这表明这位同学在这个阅读中有记忆的责任心，他就有可能记住某些东西。相反，同一位同学，如果他当时没有记忆的责任心，只是散漫地浏览，一遍两遍地看，不会记住多少东西。

同样的内容，比如那位同学看的有关天马座的知识，有关它的所有科学数据，当你没有记忆它的要求时，就是在手中来回浏览一百遍，都可能记忆不下来。只有你想记忆，而且这种要求越强烈，记忆的效果才越高。在学习中，记忆的效果有高低之分，请同学们不要在一般的所谓脑子好用、不好用上找原因，也不要在一般的所谓记忆技巧上找原因。最重要的原因是，你有没有强烈的记忆的目标，记忆的要求，记忆的追求。

## （三） 培养观察与记忆的兴趣

提高观察和记忆能力的第二个重要方法，就是培养我们观察的兴趣，记忆的兴趣。观察和记忆，当我们把它作为苦事时，没有好观察，没有好记忆。当我们化苦为乐，以观察、记忆为乐趣时，观察和记忆才能出现高效率。因此，游戏观察法、游戏记忆法实际上是提高我们观察、记忆能力的一个基本原则。很多记忆方面的天才人物，都是对记忆饶有兴趣的人。

同学们如果对观察和记忆有了探索的兴趣，琢磨的兴趣，提高的兴趣，那么，你的观察和记忆能力就会十倍地提高和增加。我们经常注意到一些行业的天才人物在表演和炫耀他们的观察力和记忆力。比如有些画家可以在他到过一个场合之后，回来将整个场面非常具体形象地、甚至是丝毫不差地再现出来。有的社会活动家可以记住成千上万个只见过一面的人。当这个人事隔多年再一次遇到时，他能够道出对方的姓名，回忆起上次见面的时间和场面，使对方备感亲切。

爱迪生的专心也是由于兴趣，一个真上善用脑筋的人，往往因为全神贯注于一个问题上，便把其余无关紧要的琐事抛在脑后，在那种场合，他们常比普通人更显得键忘、痴呆。中国有句老话"大智若愚"，正是指的这种情形。"大智若愚"的例子，古往今来多得不胜枚举。

我们要使自己能够专于一件事情，第一步需要先养成对这件事情的浓厚兴趣。那么，同学们培养自己观察力和记忆力的方法，也可能从中得到启示。就像我们讲到的画家或政治家，他们一定为自己有这样的记忆能力感到很有兴趣。你们也要在生活中找到表现自己、炫耀自己观察能力和记忆能力的兴趣。有了这种兴趣，才能够有观察和记忆方面的高效率和高能力。对记忆能力做过很多训练。从记忆训练的自觉要求开始，到逐渐建立兴趣，这确实是一件很有意思的事情。特别是我们作为学生，记忆能力的重要显而易见。

一个年轻人，如何在很短的时间内，把一本看来不薄的书迅速记忆下来。当讲完之后，他发现果然可以用比过去快几倍的速度记忆下来。希望同学们越来越增加这方面的责任心，越来越增长这方面的兴趣，经过这样的训练之后，能在新的学年中表现出突飞猛进的变化。

## （四） 提高观察、记忆的自信

提高观察能力和记忆能力的第三个重要方法，是提高我们观察、记忆的自信。我在很多场合讲过，一些中年人，甚至一些大龄青年，比如说二十七八岁，他们有的时候都会发出这样的抱怨，说自己年纪大了，记忆力不好了。对于这一点，我曾经和很多成年人交流过。我对他们说：根本不存在这个问题。你之所以记忆力衰退了，好像记忆力不行了，首先是在记忆方面丧失了自信。

当所谓"年纪增长了，记忆力不如以前了"这样一个说法控制了你的思想时，你失去了记忆的自信。我对他们讲：你的自我认识是错误的。我可以通过我的体验和很多专家们的体验来证实一点，只要你不衰减自己在这方面的自信心，随着年龄的增长记忆力不但不衰减，而且完全可能有所提高。根本不需要太复杂的训练，只要改变了这个不自信的错误观念，只要从现在开始相信自己能够记忆，你们试一试，记忆力马上就会发生天壤之别的变化。

有些人一下子就领悟了，进入新状态。可是，还有一些人会嘟嘟囔囔解释说，他确实记忆力不行了，不是自信心的问题，确实是脑子记不住很多东西。于是，我就再做引导，对他进行良性的心理暗示，晓之以理，举例子，帮助他做一些最简单的训练。这时候，很可能他突然找到感觉：根本不存在记忆力衰减的问题。这说明什么？说明对于成年人也存在这样一个规律：相信自己能记忆好，就能记忆好；不相信自己能记忆好，就记忆不好。

同学们现在所面对的也是这样的问题。如果你过去认为自己的记忆力不是很好，就要改变观念，要建立自信心。过去没有自信心是错误的。有了积极性目标，有了兴趣，有了自信心，记忆力会成倍地增加。如果你现在的记忆力比较好，那么你有继续提高的潜力。你有没有更高的目标，更高的兴趣，更高的自信？当你看到很多成功的专家有各种各样超强记忆的传记、轶闻时，你不要把它当成云端上少数人的奇迹来观赏、来仰望、来羡慕、来崇拜。你要这样想，只要努力，你也一定能做到。

希望每个同学从今天开始改变观念。大脑潜力非常大，没有积极目标，没有兴趣，没有自信，这个潜力就越来越被掩埋，像一块土地被野草覆盖，荒芜。如果你开发，它有广大的空间，可以给你提供很多创造奇迹的余地。再过多少年，同学们也许会回忆起你在少年时期的这次训练。很多人会在更成熟一点的时候，理解这次训练给你带来的价值。

凡是在这方面有领会、有追求的同学，以后就会发生比较大的变化。而缺少领会和缺少追求的人，就错过了一个机会。缺少领会的同学有两种情况：一种，是现在还缺乏足够的自信，还没有完全从观察、记忆能力的自卑状态中挣脱出来，总觉得观察和记忆的天才不是自己的事情。还有一种，是以为自己这方面不错了，觉得自己学习不错，记忆力也还可以，不需要提高。孰不知，你离天才的观察和记忆还差得远呢。不信就试一试，书里面的内容，不用笔记，整个都复述出来，你做得到吗？应该能够做到这一点。

常去学校的阅览室的同学，阅览室人多，拥挤，乱，不适合做笔记。如果一下午要读七八本、十几本不同领域的杂志，回家以后，就这样训练自己，把白天读到的全部内容，在一个晚自习中做出笔记来。同学们也可以尝试做这种训练。没有要求，永远不会达到这种水平。每个人都要有继续提高自己的追求和自信。

所以，同学们一定要领会，并不是学了这些方法以后，你一下子什么都会了。而是找到这个感觉以后，你们进入了一种好状态，用观察与记忆的责任心要求自己。从今天开始有这种意识，有这种目标，有这种兴趣，有这种自信，你们就可能经过一个学期或者一个学年后发现，你们在这方面的能力已经迅速提高，在家长、老师和同学的眼里创造出一点奇迹。

## （五）善于集中大脑活动的力量

提高观察、记忆能力的第五个重要方法，是注意力的集中。在积极的目标、兴趣和自信的基础上，在需要观察、需要记忆的时候，善于集中自己的力量，集中自己大脑活动的力量来进行观察和学习。

所谓集中力量、集中注意力，就是我在一边观察、一边记忆的过程中还一直在想，一直在脑子里活动。要体会这种感觉。有的时候你可能根本就没有活动，就在那儿听，就在那儿看。有的时候你想活动，又不知道如何活动。

比如老师在课堂上讲课，如果你的思维不积极参与，你怎么可能把他讲的内容都记住呢？老师的讲授其实是有逻辑和结构的。当你在大脑中不断地整理它的逻辑和结构，研究它的顺序和关系时，你的思维就积极参与了。你会发现，老师先讲的是一个人智能的几种表现、几个方面；然后讲到首先要探讨观察和记忆力；又讲到观察力和记忆力的一些属性；最后讲到如何提高观察力和记忆力。

在讲到如何提高观察力和记忆力时，你们会突然发现，这和前边讲的五个法则是一个顺序，先是积极的要求和目标，而后是兴趣，而后是自信，现在讲到专心。

只有这样逻辑思维，让大脑的整个思维积极参与，同学们才能够实现真正意义上的专心，才在运用你的思维力量。所以，同学们在以后的学习中要找到一种感觉。如果你上课听讲，这个脑子没有动，或者找不到动的方式，这就是有问题。

一般来说，同学们现在学习的内容应该在课堂上听完课以后，不需要复习。因为太简单了，内容太少了。如果你听了半天什么都没有记住，回家再用别的时间去记忆，你哪儿来高效率的学习？你哪儿来课外知识的阅读时间？哪儿来玩耍的洒脱？都没有。当你故做洒脱的时候，到了中考、高考前，你可能比谁都不洒脱。

真正的洒脱是要完成人生每个阶段对自己提出的考试。所以，一定要找到专心状态的真正含义，就是思维的积极参与。

老师讲课时，或者你在观察一个事物时，你在积极地活动。比如说你观察一座建筑，要想把它记住，思维就要积极地活动：它有多少个房间？它的平面布局是什么？东西南北是否对称？它的建筑群呈什么状态？纵深有什么层次？左右有什么配置？如果你给自己定下这样一个目标，我以后要把这个平面图画下来，你就发现，自己的大脑迅速活动起来。大脑一旦活动起来，你就有了杰出的观察力和记忆力。一定要在专心的状态中使思维积极参与，这时候才能有真正的观察和记忆。

## （六） 观察与记忆的综合性

讲到记忆，同学们一定知道，记忆是一种综合能力。有视觉方面的观察能力和记忆能力，有听觉方面的观察能力和记忆能力，有嗅觉、味觉方面的观察、感受、接受的能力和记忆的能力。还有我们运动的感觉，皮肤触摸的感觉，都有它独特的观察、感受和记忆的能力。人的不同能力是有高低差异的。

比如说，画家可能视觉观察和记忆能力非常强，音乐家可能听觉观察、记忆能力非常强。一个品酒专家，一个厨师，可能在味觉、嗅觉方面的观察力和记忆力非常强。我们现在对酒的鉴别和评定主要不是靠仪器，全靠品酒专家的品味，他们能分辨几十种、几百种酒的细微差别。盲人触摸的感受能力和记忆能力非常强，他们用手来读书。一个运动天才，一个体操运动员，他在运动方面的感受能力和记忆能力非常强，能够把各种训练的运动感觉记忆在自己的感觉系统之中。从这个角度讲，当同学们训练记忆力时，要综合地训练，要在视觉、听觉、嗅觉、味觉、肤觉和运动感觉中综合训练自己的感觉，训练观察和记忆。

当我们在学习一门知识时，不仅是在调动我们的阅读视觉。读的时候，还有外听觉和内听觉的记忆。我们记忆一个单词，好像是在看，但是我们还在说，说不仅造成听觉的记忆，还造成口腔运动的动作记忆。甚至还可能对某些单词赋予形象的联想，因为某些单词可能联系着形象图画，还联系着嗅觉、味觉的体验。讲到香，讲到臭，讲到辛，讲到辣，讲到酸，那么，这些单词的记忆本身和你这方面的感受能力、记忆能力相联系。

好的演员都知道，记台词不加上表情和动作，一味枯燥地背，记忆效果要差得多。当他不做动作时，台词就忘了。随着动作出来，他的台词才出现。这就是他在记忆台词的时候，运用了动作的记忆力。有些同学在朗读外语课文时，可能绘声绘色表演一番，这同样是加强记忆力的方法。你们一定知道，一支歌曲你会唱，现在我让你不带曲子，只背歌词，很多同学背不出来。一下子就不像唱歌那么流畅了，得想一想，有时候想半天也不一定想得起来。再唱一下，才能把歌词想起来。就因为你在记忆歌词时，是和它的旋律结合在一起的，它运用了多方面的刺激。就像演员一样，离开了形体动作，台词就记不住了。

这说明综合的记忆因素进入记忆，才能形成高效率的记忆。另外，记忆还有逻辑记忆和形象记忆之别。记数学公式，是逻辑记忆，数学家记得特别好。可是，记忆一幅图画、一段曲子，是形象记忆，画家、音乐家记得特别好。你让数学家去记一个画面，他可能感到很困难。你让画家去记一个数学家描述的详细逻辑公式，他也很困难。那么，我们应该同时向数学家和画家学习，培养逻辑思维能力和形象思维能力的综合。记忆力还有理解的记忆力和机械的记忆力之分。你理解了一个物理公式，你通过理解把它记住了。但是，一个电话号码需要机械记忆，你便需要机械记忆力。这两种对应的记忆能力又需要综合训练。

另外，重复法，深刻法，网络法，嵌入法都是值得一试的好方法

观察乃至记忆，特别是记忆，就本质上讲是建立事物之间的联系。

你记一个人，是把这个人的相貌和他的名字联系在一起。你记一个单词，是把它的读音和这个单词的书写形象以及它的含义联系在一起，如 China 是中国。你记一颗行星，它多大的直径，运动的轨迹是什么，年龄是什么，你是将这颗行星和这些数据联系在一起。记忆就是加强联系。

加强联系一般有这样几种方法：

第一种方法，叫"重复法"。

比如一个同学叫张杨，一次我没记住，说明这一次联系不够。再来一次联系，哦，这样一个相貌的同学叫张杨，这是两次。两次没记住，三次。终于记住了——一个短头发、个子高高的女孩子的形象和这样一个名字的联系就在大脑中建立了。这是最普通的方法。

第二种方法，叫"深刻法"。

我如何一次记住呢？就是这一次的联系必须是特别深刻的。大脑的记忆好比在泥土上划印。你划了一道，划得非常浅，风吹雨打，一会儿就淹没了。你划得非常深，这个联系可能就存留的时间

长久，记忆就是要建立比较深刻的联系。这个同学名叫张杨，我可能看她一眼，噢，记住了。我当时的大脑活动效率高，给自己建立的印象非常明确，注意力集中，这一道刻痕就留下了记忆。对于想记忆的东西，要调动自己的兴奋状态、专注状态，建立深刻的联系。

第三种方法，叫"网络法"。这是一种更完整、更重要的方法。

同学们知道，有些事情是不容易记忆的，就好像有些事物、有些信息是不太容易捕捉的。这时候，我们要想办法把这个事情、这个要记忆的现象通过多道联系编织在我们的网络之中，这样，才能确立记忆的联系。

就好像有一个人才，非常宝贵，大家都在争夺他，我也很需要他。怎么办呢？我就有可能用多种方式来捕捉他：我首先给他安排一个最合适的工作，让他发挥自己的专长，这是一个手段；我给他最优厚的报酬，这又是一个手段；我安排他的家属能够安居乐业，这又是一个手段；我解决他的子女上学问题，这又是一个手段。一条线、两条线、三条线、四条线，结果就把他网住了。记忆一个事物时建立多种联系，就可能记得比较清楚一些。

同样是叫做张杨的这个同学，那么我有可能想，噢，她的学号是 5 号，5 号叫张杨；我又想，她坐在我的斜对面，这又给了我一种联系的方式；这个同学很大方，很大方就是很"张杨"，这又是找了一个联系；但是我不能读错别字，张杨的"杨"不是张扬的"扬"，而是杨树的"杨"，我又建立一道联系。几道联系都建立以后，我发现我对她的记忆就非常清楚了。

比如说有的同学研究行星、恒星、各种各样的星，要建立对它的记忆，那么，我们可以确立这个星和其他星系之间的空间关系；

可以确立这个星在亮度上和其他星的对比；可以考察这个星和地球之间的距离；研究这个星座有什么故事。总之，通过很多联系，使它在记忆中被确定下来。

第四种方法，如果用一个更形象、更有力的说法，就是"嵌入法"。

我们的大脑就像一个建筑一样，像一个结构非常庞杂的大殿。我们的宇宙知识结构也像一个大殿一样。天下各种各样的事物也像一个建筑一样。什么叫记忆？就是把一个你过去没有记忆的东西放到已经记忆的知识结构里。

因为你大脑里已经有一些东西了，新的东西进来以后，要把它嵌进去，嵌入一个结构之中，嵌入一个建筑之中。比如，你对中国地理有很多知识，太原在山西，武汉在湖北，上海在华东，北京在华北，这些知识是你知道的。但是有一个城市你不清楚，当你记忆的时候，不是要给它一个空间位置吗？要把它嵌入这样一个空间结构之中。比如讲到石家庄，它在太原的东边，北京的南边，在郑州的北面，当你把它嵌入这样一个已有知识的结构之中，你就把它很好地记忆了。

如果你要当导演，要成立一个摄制组，那么摄制组可能有导演、副导演、场记、服装师、化妆师，很多很多，但是有一样东西你可能不知道，还有灯光师，那么，在已知的这个结构中你再把灯光师嵌进去：他是服务于摄影的，他是配合摄影来布置灯光的。他在摄制组中主要是配合摄影的，而摄影主要是配合导演的。当你把灯光师放到结构之中的时候，也就把灯光师记住了。可是对于一个外行人，当他找不到这种结构时，他就很难记。所以，记忆的又一种方法是嵌入建筑的方法。

以上我们讲了记忆过程中的专心，记忆过程中的注意力集中，记忆过程中大脑思维的积极态度。通俗一点说，就是大脑老在为自己的记忆素材找各种各样的说法。

## （七）微笑记忆法

加强观察能力和记忆能力的第五个方法，是要面带微笑，要乐观。

对自己要完成的观察任务和记忆任务持乐观的心态。这和兴趣相联系，又有别于兴趣。它特别表现在观察和记忆受挫的时候，对自己心态的把握。

人常常在受挫的时候，记忆方面的积极性、兴趣和自信心都受到影响，包括专心程度也受到影响。这时候，乐观微笑的状态是特别重要。

托尔斯泰说过：我每天做两种操，一是早操，一是记忆力操，每天早上背书和外语单词，以检查和培养自己的记忆力。托尔斯泰传奇般的记忆绝不是天生的，主要是后天训练出来的。16岁时他就开始接受记忆力训练，并自创了一套"记忆力体操"，他每天做记忆力体操15分钟左右，到82岁逝世。托尔斯泰的记忆力体操由两大活动组成，第一活动是背诵训练。背诵材料不拘，只要有益就行，可以是诗文，也可以是外语单词。背诵时有三个特别注意点：一是要有明确的记忆目的。有一个例子可供说明。两个演员演到这样一段剧情：监狱看守交给犯人一封信，让他照着念。扮看守的演员心想扮犯人的演员已经无数次念过这封信，早该背诵下来了，于是演到这段戏时就恶作剧地把一张白纸当作"信"递给了"犯人","犯人"接到白纸傻了眼，因为他根本没打算记住这封信的内容，虽然念了无数遍但始终没有形成记忆。幸好他有"急智"，声称光线太暗，眼睛不好使，请"看守"代读。"看守"没料到对方来了个回马枪，这时他才发现，尽管这封信他也听了无数遍，但从未打算记住当然也没能记住。幸好他也有"急智"，忙说："光线的确太暗，我得拿眼镜去。"可见，没有明确的记忆目的，很难形成准确的记忆。二是要善于运用记忆中的"组块原则"。如果记忆材料多，一定要分成组块，一块基本成诵再记忆下一块，这样记忆效果就特别好。三是背诵时一定要调动多种感官，眼看、耳听、口念、手写、脑子想，让视觉信号、听觉信号、触觉信号甚至味觉信号、色觉信号都参加进来。调动的感官越多，印象越深刻，记忆的效果越好。

"一个人最重要的能力是判断力"，在为数不多的对外讲话中，李彦宏提到了这句话，或许从本文提到的四个方面，能对李彦宏"判断的艺术"一窥究竟。做还是不做？这是个问题。这样做，还是那样做？更是个问题。

无论是对于准备创业的年轻人，或是闯荡已久的老江湖，产业的风云际会固然澎湃成就事业的热血，而关键时刻的取舍则如同生死与爱情一般的永恒话题，考验着企业家的志向与心力。

回溯 12 年前，李彦宏放弃美国绿卡高薪，回国创立百度，彼时国内搜索引擎市场强敌林立，Google、雅虎等巨头也刚刚开始占领中国市场。百度让搜索引擎行业从无人问津到炙手可热，如今保持中国搜索引擎 80% 上下的市场份额，作为公司的创始人和掌舵人，李彦宏的每一次抉择总是看来波澜不惊，却常常一语成鉴。"

一个人最重要的能力是判断力"，在为数不多的对外讲话中，李彦宏提到了这句话，或许从以下几个方面，能对李彦宏"判断的艺术"一窥究竟。

第一，足够的了解与热爱。"对一切来说，只有热爱才是最好的教师，它远远超过责任感"，爱因斯坦曾如是说。扎实的行业知识和经年不变的热爱，是下判断的基础。李彦宏自考入北大至今25年，从未减少对搜索引擎的热情。大学期间，图书情报学专业的李彦宏自学计算机专业课程的同时，却依然把图书馆里面所有关于本专业的书籍读了一遍。28岁时，正是受图书情报学中科技论文索引方法的启发，李彦宏反复论证出了"超链分析技术"并成功申请专利，自此奠定了全球搜索引擎技术的基础，"我天天都在琢磨百度，因此，于我来说判断便并不难下，我的信息，我的兴趣，我做的分析全部都在朝一个方向努力"。

第二，每一个行业的信息都值得留意。1991年，刚刚从北大毕业的李彦宏留学签证被拒，但他依然不改变出国攻读计算机专业硕士的想法，临时做了半年为企业追踪广告效果的问卷调查员，挨家挨户分发问卷，并进一步帮助企业分析广告效果。很多年以后，李彦宏回想，这段看上去和搜索引擎不搭边的工作，却启发了他对企业营销效果的理解，甚至对后来创立百度，创立搜索引擎营销模式起到了很大帮助。李彦宏认为，碰到不熟悉的行业领域，认真听，认真体会，可以学到很多东西，兴许当时不觉得，但后来可能成为一笔意外的收获，"说者无心听者有意，大脑和身体一样需要不断锻炼"。

第三，追逐短期利益最可能导致判断失误。"一个经过独立思考而坚持错误观点的人比一个不假思索而接受正确观点的人更值得肯定"，细细看来，李彦宏对百度发展的很多判断，在当时都显得很反传统、非主流。1999－2003年，门户网站、网络游戏、SP公司等各种互联网增值业务十分火热，很多互联网公司纷纷投身进入这股快速捞钱的潮流中，曾有人给李彦宏投资让百度做无线增值业务却遭拒绝。几年过后，中国互联网用户猛然增加到3亿，百度成功超越了谷歌成为中文搜索第一品牌，而那些在无线增值业务叱咤风云时蜂拥而上的人们，早已偃旗息鼓。

第四，判断并非一成不变，同一问题隔两年反复自问。李彦宏要做"云"了，成为近两个月互联网的关注焦点。其中也不乏挖出李彦宏2年前或更久前的相关言论表示质疑者。"我们所处的环境是在不停变化的，要养成习惯，同样的问题，每隔两年再问自己一遍"，李彦宏其实早就给出了解答。移动互联网在十年前就有发展，但当时用手机上网是很痛苦的体验，"但是近一两年，形势发生了非常大的变化，从3G牌照的发放，到三家运营商非常激烈的竞争，以及智能手机的普及，这都使得用户通过手机获得真正互联网的体验成为可能"，反观之，百度搜索其实天然就是"云"，12年来，百度支撑大数据量、大访问量、实时更新、非结构化的数据的技术，实际早已为百度云平台做好了准备。

"幽雅之于体态，犹如判断力之于智慧"，17世纪法国古典作家拉罗什富科曾如此以判断力打比方。在如火如荼的互联网创业潮中，成功者必经大浪淘沙，但不断打磨的判断力兴许会成为一盏指引梦想者的明灯，让更多的创业者们如李彦宏般成长与成功。

# 第八章　智慧与思路

## （一）细化目标，指向未来

当目标既是未来指向的，又是富有挑战性的时候，它便是最有效的。洛克定律又可称为"篮球架"原理。制订一个奋斗目标是成功的前提，可是目标并不是不切实际地越高越好。其实，每个人都有自己的特点，有着别人无法模仿的一些优势。要想获得成功，那就得好好地利用这些特点和优势去制订适合自己的目标和实施目标的步骤。报纸上曾经报道过，美国有一位百万富翁，原来却是一位乞丐。在我们心中难免怀疑：依靠人们施舍一分一毛的人，为何却拥有如此巨额的存款？事实上，这些存款当然并非凭空得来，而是由一点点小额存款累聚而成。一分到十元，到千元，到万元，到百万，就这么积聚而成。若想靠乞讨很快存满百万美元，那几乎是不可能的。由此可见，明确的目标是如此重要。

打篮球的经历估计大多数人都可能有过，同时也都知道打篮球与踢足球相比，投进一个球比踢进一个球要容易很多。其中的道理也很简单，这跟篮球架的高度有关。如果把篮球架做成两层楼那样高，那么你要进球可就不那么容易了。反过来讲，假如篮球架就只有一个普通人那么高，进球更容易了，我们还会去玩它吗？就是因为篮球架有一个适当的高度，我们跳一跳就够得着，才使得篮球成为一个世界性的体育项目。同时它告诉我们，一个"跳一跳，够得着"的目标最具有吸引力，人们会以高度的热情去追求这样的目标。因此，设置有着这种"高度"的目标，就可以很容易地调动人的积极性。曾经有一位63岁的老人经过长途跋涉，克服了重重困难，从纽约步行到了佛罗里达州的迈阿密。在那儿，有位记者采访了她。记者想知道，路途中的艰难是否曾经吓倒过她？她是如何鼓起勇气，徒步旅行的？老人答道："走一步路是不需要勇气的，我所做的就是这样。我先走了一步，接着再走一步，然后再走一步，我就到了这里。"伟大的目标必定是面对未来的。但这个目标往往距离现实太遥远，人们在日常的工作生活中很难看到明显的成果。而人类又有一个普遍的心理：如果工作到了一定的时间和程度，仍没有看到绩效和成果，就会产生焦躁不安和厌倦的情绪，对手中的工作失去兴趣。这样一来，你就很难调动起自己的工作积极性，自然会使工作止步不前。过于高远的目标，如果没有可操作性，也不适合自己，只有适合自己的目标才能有效推动自己。

俄国著名生物学家巴甫洛夫在临终前，有人向他请教如何取得成功，他的回答是："要热诚而且慢慢来。"他解释说"慢慢来"有两层含义：做自己力所能及的事；在做事的过程中不断提高自己。也就是说，既要让人有机会体验到成功的欣慰，不至于望着高不可攀的"果子"而失望，又不要让人毫不费力地轻易摘到"果子"。"跳一跳，够得着"，就是最好的目标。在佛教经典《法华经》中讲了这样一个故事：很久以前，有一位导师带着一群人去远方寻找珍宝。由于路途艰险，他们晓行夜宿，很是辛苦。当走到半途时，大家累得发慌，便七嘴八舌地议论开了，打起了退堂鼓。导师见众人这样，便暗施法术，在险道上幻化出一座城市，说："大家看，前面不就是一座大城！过城不远，就是宝藏所在地啦。"众人见眼前果然有座大城，便又重新鼓起劲头，振奋精神，继续前行。就这样，在导师的苦心诱导下，众人历尽千辛万苦，终于找到了珍宝，满载而归。很多情况下，你可以通过设定分段目标来解决这个问题。把大的目标分成一个个小的目标。相对于大目标来说，小目标是最好的成绩显示器，它更容易让你在较短的时间内看到成果，这对于每个人来说，都是最好的激励。而当你一步一步地完成这些小目标的时候，最终的大目标也就实现了。

## （二）兴趣所在，创造奇迹

美国报界闻人赫斯特先生，之所以能够享受那样大的盛名。取得那样伟大的成就，最重要的原因，就是他对于办报感到极浓厚的兴趣，他办报之初，有许多比办报更有出息的事业可以任凭他选择，但是他终于挑选了与自己性之所近的事情来做。他决定将一生贡献于报界的时候，是1887年，那时他的父亲替他计划了许多较有把握的其它事业，问赫斯特他爱干哪一种。"可爱的孩子？"他父亲说，"我想你一定不愿意在年轻有为的时候，在家享乐一生，你需要干一点事情而且你也一定愿意干！""是的，父亲"。年轻的赫斯特说。"你愿意干些什么事情呢？去开发我那广大的农场好吗？"
"不"，赫斯特说，"开矿好吗？"小赫斯特仍旧摇摇头。"那么你要
做什么呢？""我要接办父亲的《观察日报》"老赫斯特听了这话，
大感惊异，"什么？《观察日报》？"他说"那是一种最没有希望的
事业呀！我在这份报上舍去的本钱，已经不计其数了，当初我接受
这家报社，无非因为一笔债务的关系吧，但是你现在既决定要办这
报了，你就不妨去试试看吧。"当时，小赫斯特还只有23岁，在那
以前，他在哈佛大学的报社中做过经理工作，工作成绩，十分美
满。因此，现在一跃而为独资报社的主人。他干这门行业是有冒险
性的，但在他看来，报业确实是一个"包罗万象、十分丰富的乐
园"，里面五光十色，无所不讲，既使冒险也甘愿一试。由于他的
浓厚兴趣激起了他冒险的精神，使他全身的力量都集中到这里，他
认为十分伟大的事业上。因此，他工作得十分愉快，而且比任何人
都努力，绝无疲劳苦恼的感觉。结果他在核办了两年之后，《观察
日报》立即焕然一新。前每期亏损极大，但现在却成为美国西部发
行最广，赚钱最多的报纸。这个例子告诉我们：兴趣是使我们成功
的法宝。一个人做事只要有了兴趣，一切难题都可迎刃而解。

## （三）做小象的主人

有一次，美国波士顿邮报主人格鲁基，为使他的报纸给美国儿
童一个深刻的印象。特地发起"买象捐赠动物园运动"，要求各地
儿童从他们的糖果钱中捐出一部分来，合购三头小象，捐赠给某地

新办的动物园，他的条件是凡是捐钱的人，即使只捐一分钱，也将他的名字在报上刊登出来出出风头。事后他说："本来我们是很愿意自己出钱将那三头小象买来，捐赠给动物园，但是我们并不那样做，因为我们希望使全波士顿的儿童都享有做这三头小象的"主人"的资格。我们登大篇幅广告来宣传此事。同时并真用每行三角钱的地位将捐助者的姓名一一刊出，即使只捐一分钱的名字也不遗漏，结果成绩十分美满，这三头小象的代价共约需一万多元，我们报馆只贴了几千元，其余都是各地小朋友捐赠来的。那些捐款人的姓名我们拿来按日在报上刊登出来，小朋友们看见了自己的名字无不雀跃欢呼。他们遇见人便说："这三头小象我也有一份，不信请你去看某月某日的邮报去！"这是一种最有趣的心理学：有许多我们不感兴趣的事情或责任，只要有一些引子，就会感到兴趣了。即如那些小孩子谁也不愿白白抛掉几分钱，但因格鲁基带给他们一个很好的机会，他们都心甘情愿地掏出钱来了。还有一个例子也可以说明培养大家关注力的重要性。在某大学里，学生会的组织者想组织一次合唱比赛，让每个系组织自己的合唱队。刚开始时，活动通知发下后各系的反应并不十分强烈，没有积极地排练合唱。最后，学生会组织者就去各系调查情况，然后就先到一个比较积极的系里专门排练指导，让他们的歌声传出去，这样一来，其它的系坐不住了，纷纷开始排练起来，于是全院的老师学生都很关注合唱比赛，形成一个竞争的局势，合唱比赛取得了很好的效果。以致后来各系为争夺冠军，而枉合唱队员的服装等各方面下功夫。这样，整个合唱比赛期间校园非常活跃。

## （四）创新思维，所向无敌

史蒂文是美国大陆银行行长兼芝加哥信托公司经理，有一次，他这样问一个青年："请你告诉我，你让你的人把大脑当成储存乱七八糟东西的仓库用呢？还是用它当成不断制造新产品的工厂用呢？"瞧，这是多么绝妙的问话！就我们所知道的，我们周围的许多人都是把大脑当成仓库来用的。他们尽管把种种学问经验从书本搬进自己的脑袋，可却只是搁置在一边，不再运用它们，直到它们自动腐朽消失为止，如果这世上的人都是如此地机械，那么恐怕至今为止，吊灯永远是吊灯，它决不会导致钟摆的产生了。这就是说，如果大发明家伽利略在礼拜堂看见吊灯摆动时，仅仅把这情景装在脑袋里搁置不用，而不去把它当做原科，制做出新奇的钟表来，恐怕我们世人也许至今还没用过钟表，伽利略也许就永远没有名垂千古的希望了。

其实，又何止钟摆呢？世上的一切新发明，不都是从储存罐一样的脑子里产生的？试想，如果弗雷德的脑子不是制造新产品的工厂，他能平白无故地发明出电磁感应圈，从而使今日的电力发动机和电流传送如此发达吗？如果贝尔的脑袋不是一个大仓库，他的那架电话机要到哪一代才能使用上呢？马可尼发明无线电的时候，是用的那副不用动弹的脑子吗？他们却成功了，他们的英名都已万古流芳了，这是多么难能可贵！难道他们都是超人，都是神人吗？不，不，仔细分析一下，他们的成功因素实在简单得很。他们不过枉自己的头脑里设置了一个岗哨，当遇到任何事情从它们的眼睛、耳朵等器官通过时，却得仔细地审问明白。

例如：为什么叫这个名称？它如何产生的？产生的经过怎样？与周围其它事物有无内在联系？它的外观为何这样设计？为什么会有这样的声音发出？等等。在发明家的头脑里，那位哨兵是不肯放过任何问题的。任何人不能阻挡他们，他们永远如此认真，细致地工作，永不停止。就因为大多数的人，从来也不问这种问题，从来对所产生的事情肯定地点头承认。从不对它们打个问号，只把所遇见的事情乱七八糟地放在大脑这个储存罐里，所以他永远也不会遇到一个对他有益的问题，更永远不会因而养成解决问题的能力，当然也就永远成不了发明家。

## （五）小问题，大思考

"在你的脑子里设置一个岗哨"，这可不是让他来阻止任何问题的进入，恰恰相反，他是用来欢迎一切到你脑子里来的新客人的。他的任务不过是盘问它们一番。使你更加清楚地认识他们。等到它们进入你的脑子后，使你知道应该如何来安排它们，以后怎样利用它们，因此你必须训练好你的感觉哨兵，养成虚心接受的态度，对于任何来宾，无论高下，一致对待，切勿对于穿着平常的来宾盛气凌人，傲慢无礼，须知有许多伟大的贵宾。往往是穿着极平常的服装进来出去啊。比如那位"吊灯先生"，它肯定受过许多人的白眼，因为它看起来太平凡了，太不值得一顾了。但是，经过伽利略头脑里的哨兵审问一番后，却立刻在平凡中见到了伟大，靠它的帮助发明了一种极重要的东西，并因此而万古流芳。事情到底是怎样的呢？

伽利略十七岁的时候，一天，他到一个礼拜堂去做礼拜，正在东张西望、浮想联翩的时候，无意中抬头看见了天花板上的吊灯。它因为被什么人碰过，正在来回摆动。他望了好久，忽然想到了一件事，便立刻按住自己的脉搏来计算摆动的速度，后来，他便发明了重要的钟摆。有许多人，往往在回答不出别人提出的问题时就说人家呆。比如有些父母，被孩子的问题问住了，使用这类话搪塞了事。通常一个并不怎么高明的领导，也是不太喜欢下属东问西问的，因为那样常能害得他瞠目结舌，不知所对。所以当我们向人问话时，应该事先把对方的程度等了解清楚，切不要盲目地东拉西扯，和他纠缠不清，故意暴露他的无知，否则你除了激起他的怒气之外，对于自己毫无好处可言。"任何人如果把一句话坚持问下去，没有一句会被认为是没有意义的或被视为痴呆的。"请我们每个人都记住这句美国电力公司总经理司坦姆斯先生说的话吧。

# （六）可口可乐瘦身术

综合的竞争要求企业必须以立体化的素质和能力应对；立体化的素质和能力首先要靠立体化的思维而非点式、线式及面式的思维来武装。那是在 1920 年左右，一个名叫丁·罗特的年轻人，看到他女朋友的圆裙时得到了灵感，创造了可口可乐的瓶子，这种瓶子至今仍广为其他汽水制造者使用。罗特对于自己所设计的瓶子非常有信心，他画了瓶子的素描到可口可乐公司去毛遂自荐。在可口可乐公司里，他向对方说："我所设计的这个瓶子，外观非常漂亮，握住的地方也很稳，绝对不会滑落下来。"但是可口可乐公司的负责人，却以一种不屑的眼光看他。数天之后，罗特拿着做好的实际瓶子和一个杯子，又来到可口可乐公司。出来传话的职员依然以不屑一顾的神情望着他，但罗特不慌不忙地问众人："各位，你们知道这个瓶子和杯子的容量哪一个大吗？"大家不约而同地答道："当然是瓶子的容量多些。"等他们说完，罗特就将杯里的水倒人瓶子里，结果杯里的水却无法全部装入瓶里，水从瓶口溢了出来。由此可以显示罗特所设计的瓶子的优点，它满足了一般厂商希望容量越少越好的要求。于是针对罗特所设计的瓶子，可口可乐公司立刻召开了董事会，讨论是否要用这种罗特瓶子来装可口可乐。结果是没过多久就订了合同，罗特所设计的瓶子一直被延用至今。创新的思维，总能给你带来无限的喜悦，平中见奇，是让人成功的一大利器。

## （七）不创新，宁勿死

微软董事长比尔·盖茨说："在个人电脑这个行业，创新就是成功之路。"他说，这就是为什么新功能不断增加，而芯片、外设、软件与硬件功能发展越来越快、越来越强、价格越来越便宜的道理。"在大家竞相越做越好的产业工作真是令人兴奋。"不管你是否喜欢，比尔·盖茨一直都知道通往成功的道路，他倚重于不断创新和卓越可行的构想。他说："今天市场上的产品在几年内都会过时。而唯一的问题，是我们公司是否推出新产品，或是其他的公司做得更好。如果我们不紧追赶科技和市场，很快就会变得无足轻重。"为避免无足轻重，就必须建立能导致创新的环境。以施乐为例，他们在90年代的痛苦教训中学到，要扭转逆势就要使用非传统的方法。他们设立了一个由12岁到18岁青少年组成的智慧团队，作为帮助公司求生存的途径之一。施乐注意到，"我们并没有专注于怎样创造结果，而在于创造一个环境；我们要作的是，在可能的最单纯的状态下抓住这些青少年的思考、行为和反应。"最近几年来，人们都很注重创新，很多人都说创新是持久成功的真正关键。但我们不会这样说。我们只说百分之百肯定的是：不创新就等死。我们在前面说过，不创新，就不可能持续不断地成功。

## （八）游泳圆形薄荷糖

一个人的"思"与"情"是互相影响、互相制约的。科学发现中的创造性也同文艺创作一样，妙用在心。如果没有妙心，就不可能从意外事件中引出科学发现或发明的硕果。米切尔原是一家日报的记者，她的名字鲜为人知。1926年，在一次车祸中，米切尔脚部受伤，被迫退职，在家疗养达数年之久。就在她能够拄着拐杖走路的那天，她的丈夫抱来了一大叠打字纸回家，力劝她动手写书，作为辅助治疗和心智锻炼的手段。

"天哪！我现在不得不写小说了。"经过讨价还价，最后谈妥：
"只写一本书。"当天上午，米切尔腿枕软垫，上面摆着一张打字机
的小桌，以美国南北战争为背景，以自己早年的爱情纠葛为素材，
写起长篇小说来。1936 年，《飘》的问世，改变了人们对南北战争
的看法。该书很快风靡全球，次年获普利策奖。米切尔于是蜚声
文坛。

巴西民族英雄球王贝利，在 20 世纪 50 年代的球场上，被啦啦
队斥为"蠢货"，说是"黑货色吃不了足球这碗饭"。但是贝利毫
不气馁，暗下决心，改变现状，称王称霸。他用破布扎成足球，在
大街上练，不几年后，他驰骋五大洲球场，创造了足球史上的光辉
一页。现在的巴西人可以叫不出总统的姓氏，却都知道球王贝利。

克兰是专售巧克力的商人。他每到夏季便苦闷异常，因为巧克
力变软，甚至融化，销售量急剧下降。他苦思冥想，制造了一种专
供夏季消暑用的硬糖，造型上一改块状、片状型，而压制成小小的
薄环。1912 年，他正式批量生产这种命名为"救生圈"的具有薄
荷味的硬糖，颇受欢迎，至今畅销不衰。

如果你的心过于封闭，不能接纳别人与新的观念，就等于锁上
一扇门，禁锢你的心灵。狭隘是一把利刃，切断许多机会及沟通的
管道。打开你的心，让新奇的想法自由翱翔，培养丰富的创造力。
封闭的人像一池死水，永远没有机会进步。拥有开放的心，你才能
充分利用成功的第一原则：一个人只要打破自己的惯性思维，让奇
思妙想不断涌现，就没有做不到的事情。思想开明的人在各行各业
都有杰出的表现。

## （九）盒装肉片，逆向思维

我们日常所能发现的问题，真是多得不计其数，如能不时思索解决，你的成就必将大有可观。美国实业界鼎鼎大名的爱克尔先生创办的著名的山毛羊食品公司，就是由于一个小小的发现而发展起来的。在那以前，他正在办一家印刷厂，营业十分不振，使他大感失望，很有改行的意思。

有一天，他在纽约的大街上散步，偶然走过一家卤肉店，看见他们将卤肉切成薄片装在两磅装的纸盒中出卖，生意十分兴隆，因为卤肉切成薄片后，吃起来味道鲜美得多，极受主顾欢迎。"这确实是一个好主意。"爱克尔想，"但是可惜一份人家买了两磅装的卤肉片去吃，未免要嫌太多了一些，如果把它改装在一磅装的纸盒中出卖，生意一定还要好得多！"他回到家里，便立刻照这计划实行起来，把肉片切得极薄极匀，装在一磅装的纸盒中，送到市上去卖！购者果然更见踊跃，不久，他的这家小本食品店已扩展得全球闻名了。当然，"两磅装的肉片，人家吃不完，不如改装一磅的纸盒"这种念头谁都想得出，决不需运用一个人的什么天分。但是一般人并没有去想，这就是爱克尔与众不同的地方。

美国实业另一闻人雷格里，橡皮糖制造专家，当他开始经营这个事业时，生意毫无起色，那时他本来可以改仿别的东西，但他仍旧看出橡皮糖对于市上的需要有增无减，刻苦经营下去，后来果然如愿以偿，他的橡皮糖畅销全球，名震一时。有许多我们认为不值一顾的小事情中，常常隐伏着极大的成功要素，这全靠用我们的脑子去发掘。最没有出息的人，就是那些遇事只求含糊过去，不愿耐心追求的人。他们将永远停滞在一个地方，即使不退一步，也永无进一步的希望。

## （十）敢想敢做，电话诞生

方法本身不是能力，但是在掌握方法过程中却可以培养起相应的能力。具有创造性独立思维的人可能创立伟业。创造精神，一方面，对一切先进的优秀的东西，一切先人留下的优良传统，一方面要学习，要承继；另一方面，又不止于承继和学习，而要努力创造新的东西。这就是说，要创造性地学习，创造性地工作。贝尔进了爱丁堡大学。选择了语音学当做自己的专业。贝尔研究语音学竟促使他发明了电话。他才华出众，很快就引起了专家们的重视。

历史记下了难忘的时刻：1875 年 6 月，当时 28 岁的贝尔，敢想敢干，克服重重困难，终于把电话研制成功了。神话变成了现实。居里夫人在大学阶段，对基础理论知识的学习是那么专心致志，每逢听课总是坐在教室的前排座位上，全神贯注勤奋思索。课余则毅然放弃了与姐姐一起生活的欢乐，独自住在一间小阁楼上刻苦攻读。她从基础课的学习中领略了无限的乐趣，与这些课程比起来，小说显得多么空虚，神话也显得缺乏想象力。

这种对基础理论知识的追求，其意志是如此顽强，其毅力是如此坚忍，从而奠定了她尔后成为世界上第一流科学家的坚实基础。

半个世纪前一幅《十破图》，有烧卷发黄的信件、断裂的碑铭、瓷瓶的碎片、撕裂的油布伞……"败绿残红共一图"。人生本来就是由一个个破碎的梦点缀而成的。一个没有走过坎坷、饱经沧桑的人，是不会画出这样的一幅能触动心灵之美的图画的。优秀的领导者都有自己独特的思维方式和领导思路，在这个思路中他始终把握着超前的意识，引领和跟随着时代的脚步，并不断创新，进而领导工作。"一定之规"却不利于创新思考。

　　无论是思考如何解决碰到的新问题，还是对已熟悉的问题寻求新的解决方案，一般都需要在多途径地探索、尝试的基础上，先提出多种新的设想，最后再筛选出最佳方案。而基于反复思考一类问题所形成的"一定之规"，对这样的创新思考则常常会起一种妨碍和束缚的作用。它会使人陷在旧的思维模式的无形框框中，难以进行新的探索和尝试，因而也就难以产生新的设想。

　　一个长期习惯于按"一定之规"考虑问题，很少进行创新思考的人，久而久之，往往会把很多本来大不相同的问题，也因为它们之间的某些相似之处，而看成是同一类问题，用相同的办法去解决。这样，自然就会白费精力。有一位心理学家说过："只会使用锤子的人，总是把一切问题都看成是钉子。"就好像卓别林主演的《摩登时代》里的那个可笑的工人那样，由于一天到晚拧螺丝帽，一切圆的东西，包括衣服上的纽扣和圆形图案，在他眼里都成了螺丝帽，他都会用扳手去拧。人形成思维定式是人类心理活动的普遍现象，创新是人类社会进步的客观要求。

## （十一） 照片背后的线索

牧师正在准备讲道的稿子，他的小儿却在一边吵闹不休。牧师无可奈何，便随手拾起一本旧杂志，把色彩鲜艳的插图——一幅世界地图，撕成碎片，丢在地上，说道："约翰，如果你能拼好这张地图，我就给你2角5分钱。"牧师以为这样会使约翰花费整整一个上午的时间，这样自己就可以静下心来思考问题了。

但是，没过10分钟，儿子就敲开了他的房门，手中拿着那份拼得完完整整的地图。牧师对约翰如此之快地拼好了一幅世界地图感到十分惊奇，他问道："孩子，你怎么这样快就拼好了地图？""啊，"小约翰说，"这很容易。在另一面有一个人的照片，我就把这个人的照片拼到一起，然后把它翻过来。我想如果这个人是正确的，那么，这个世界也就是正确的。"牧师微笑起来，给了他儿子2角5分钱，对他说："谢谢你！你替我准备了明天讲道的题目：如果一个人是正确的，他的世界就会是正确的。"

如果你想改变你的世界，改变你的生活，首先就应改变你自己。如果你的心态是积极的，你的生活也会是快乐的；如果你心态是消极的，那么，生活也会是忧伤的。对于长期以来形成的思想方法和生活方式，在接受他们之前先予以重新思考，这是一个成熟的人的必备品质。成功者敢于向那些权威偶像、那些僵化的教条提出疑问。他们创造性的思维还有勇气给了他们自由，可以无所畏惧地开创新路，使自己达到更高的层次，而不受那些师长和朋友所盲目遵从的规范的束缚。

## （十二）联想想象，创意无限

一张水墨画的高明与否，不但要看画家抖擞的气魄，更要看他透过随意的精心刻画；不但要欣赏画家的胆力，更要欣赏他透过胆力而闪烁着的魂灵。不论是什么世界文学名著，或者什么动人戏剧，如果我们抽掉了其中的形象描写，让它们只各存下一个梗概，那么，不管如何精彩的作品都会立刻丧失掉它的动人力量。

生动，生动，活的才能动，动了方能活呢。杜甫的"牵衣顿足拦道哭"，7个字里4个动词，形象怎能不凸现？习惯于以唱高调的方式来表现道德理想，沿用有固定象征意义的符号式的事件来表现脸谱化的人物，结果丧失鲜明的个性，写出来的文章如枯枝败叶，缺少生气，千人一面，千篇一律。

张打油《咏雪》诗云："江山一笼统，井上黑窟窿。黄狗身上白，白狗身上肿。"后世因称此种成诗率易、俚俗之作为"打油诗"。艺术有个怪脾气，它既要感召社会，帮助人们认识生活，但又要求艺术家必须是从个别中求一般，在单纯中见丰富。联想是想象的基础，是形象思维必不可少的条件。没有联想，往往笔下写不开，只好直来直去，就事论事；没有联想，就没有了文字创造。没有丰富的联想，一切的修辞手段和形容也失去光彩。

联想不是什么神奇的东西，它只不过是在客观事物的联系中，由于一些事物的重现使人想到另外一些有关事物罢了。联想，诸如概念相近而形成的接近联想；具有相似特点的事情而形成的类似联想；以因果关系形成的因果联想；以对立关系形成的对比联想。举一反三，触类旁通。由于客观的联系，通过人的某种观察和联想而形成的。形式美，使人悦目；文字新，令人难忘。

## （十三） 雪花改变企业走向

雪地中的灵光一闪圣诞节的第二天，贝尔实验室的一位研究员，带着他两岁的女儿在院子里，堆她的第一个雪人。他已经在贝尔实验室工作了 4 个月，但在半导体研究方面还是个新手。他跟老板说，他会晚一点到公司去。在挂上电话之后，他从窗口望出去，看到雪花纷纷飘落，转眼铺满车顶，但它们却不会沾到车的四周。

他灵光一闪，想到已经困扰很久的问题的答案采："信息的分布与雪的分布有着相同的规律。"通过观察雪的飘落，扬仁宏联想到信息的流向，并使这个联想产生结果，从而完全改变了整个产业的走向。

事实上，历史上很多重大的发明或者进展都来自于那样一点点的灵感。而且，我们每个人都应该有过这样的经历。灵感的出现具有鲜明的突发性和瞬时性，因此，有创造经验的人都喜欢随时携带纸和笔，当灵感闪现，马上就掏出纸笔记录下来，尽管有时记录下来的新思想、新概念和新形象还不太成熟，或仅具雏形，但记下后便有了进一步思维加工和试验的条件，有希望获得有价值的创造成果。

## （十四）"天厨"牌味素名称何来

想象是意识的加工厂创意是无形的力量，这个力量大于产生它的头脑。当头脑归于尘土之后，创意却仍然生存。想象是意识的加工厂，它可以把意识能量转变成财富与成就。训练创造性想象力，这是创造巨大财富的奥秘。知识可以为弱者和穷人所掌握，这是知识的真正革命性的特点。

解放前，我国化学工业有"南吴北范"之说。"南吴"，指南方的吴蕴初，"北范"，说的是北方的范旭东。单说"南吴"吴蕴初，江苏嘉定人，他在上个世纪 20 年代，曾与人合作在国内首创味精厂，后来被人们称为"中国味精大王。"他在为其出产的味精命名时，大费了一番脑筋。在此之前，中国不能生产味精，占领中国这一市场的是日本的"味之素"。吴蕴初想，中国的东西没必要跟在东洋人的屁股后面叫什么"味之素"，那又取个什么名字好呢？

人们把最香的东西叫香精，把最甜的东西叫糖精，那把味道最鲜的东西就叫味精吧。他接着又想，生产的味精该叫什么牌子呢？他由味精是植物蛋白质制成的，是素的东西，联想到吃素的人；由吃素的人，他联想到他们一般都信佛；佛住在天上，为佛制作珍奇美味的厨师自然是最好的，于是他决定将他的味精取名为"天厨"，天厨牌味精问市后，通过声势浩大的广告宣传，以及后来正好适应国人的抵制日货的反日情绪，"完全国货"的天厨味精，不久便打开了国内市场。天厨味精由此声名鹊起。吴蕴初由"味精"是

"素"的东西，联想到"吃素的人"，又联想到"信佛的人"；由"信佛的人"，再联想到"天上的佛"；由"天上的佛"，最后联想到"天上的厨"。这样一环紧扣一环，如一条连接着许多环节的锁链般的联想，学术上称之为连锁联想。

## （十五）科学王国，思维构建

地球产生以来，简单的化学元素合成了大地和水土，形成了大地的构造和山川、平原、湖海，开始了越来越复杂的运动。这本身就是发展。集中全人类的有益知识，不仅包括社会知识，还包括自然知识和思维知识；不仅要获得知识，还要把它们联系起来，统一在一起加以合理的组织和概括。

掌握思考的力量，运用这种力量，可以达成所有期望的目标。具备"问题意识"和"想象力"，获得启示，可以开发创造性设想。思维的"脾性"不愿意和容易的问题打交道，而喜欢同困难交朋友。谋略思维除了具有思维的一般规律和方法以外，如抽象思维、形象思维和灵感思维等，还有其特殊的思维规律和方法可寻。把握谋略思维的规律及其方法，对于推动谋略的科学的发展具有十分重要的意义。

劳动实践使人类同动物分离出来，通过实践又产生了认识、知识和科学，而认识、知识和科学又来指导实践。人类就是通过实践，在漫长的岁月里，把一个一个的"必然王国"变为"自由王国"，登上科学高峰的。

## （十六） 能力培养，想象翅膀

想象力大门，要从多问"为什么"开始，要成个好奇和多怀疑的人。想象等诸如此类的非逻辑的思维方式，并非是文学家们独有的。在那些似乎更为冷静、严肃、甚至有点刻板的科学家们，也不乏具有把想象自如运用到纵横驰骋地步的人。想象在科学发现中具有多方面的作用。没有想象，就提不出任何科学假说，就不能建立起研究对象的直观形象式的模型，更不能进行在科学发现中具有重要作用的理想实验。

德布罗意提出物质波的假说运用了想象，卢瑟福建立原子的太阳系式模型运用了想象。这些事实表明，科学家中杰出的人物往往都具有很高的想象力。丰富的想象使人获得创造的动力。杰出的人，光有杰出的气质是不够的，还要有合乎逻辑的头脑。联想可培养模仿和创造。移植——创新，亦会有建树。逻辑性是思维流程中的动向规律，它能使思维有条不紊，富有层次。在吸取他人创造事物的基础上，通过联想，加上本人的创造性，产生新的创造。"联想——顿悟"，具有惊人的创造力。